CRUCIGRAMAS

PARA EL TIEMPO LIBRE

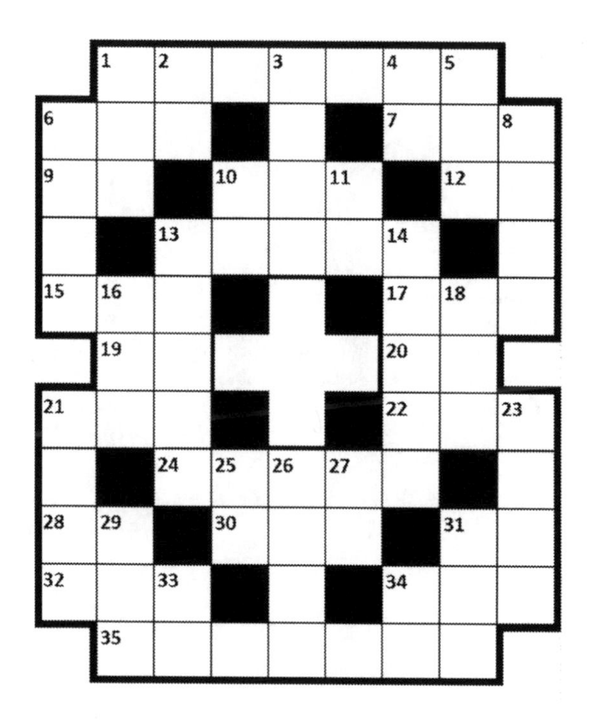

Benjamín Franklin Arias, Ph.D.

Compre este libro en línea visitando www.trafford.com
o por correo electrónico escribiendo a orders@trafford.com

La gran mayoría de los títulos de Trafford Publishing también están
disponibles en las principales tiendas de libros en línea.

E-mail: benfrank1305@gmail.com

Información sobre impresión disponible en la última página.

ISBN: 978-1-6987-0843-0 (sc)
ISBN: 978-1-6987-0842-3 (e)

Library of Congress Control Number: 2021914133

Nuestra misión es ofrecer eficientemente el mejor y más exhaustivo servicio de publicación de libros en el mundo, facilitando el éxito de cada autor. Para conocer más acerca de cómo publicar su libro a su manera y hacerlo disponible alrededor del mundo, visítenos en la dirección www.trafford.com

Trafford rev. 11/19/2021

www.trafford.com

Para Norteamérica y el mundo entero
llamadas sin cargo: 844-688-6899 (USA & Canadá)
fax: 812 355 4082

CONTENIDO

DEDICATORIA ix
AGRADECIMIENTO xi
INTRODUCCION xiii

PARTE 1
CRUCIGRAMAS 7X9

CRUCIGRAMA 1 3
CRUCIGRAMA 2 5
CRUCIGRAMA 3 7
CRUCIGRAMA 4 9
CRUCIGRAMA 5 11
CRUCIGRAMA 6 13
CRUCIGRAMA 7 15
CRUCIGRAMA 8 17
CRUCIGRAMA 9 19
CRUCIGRAMA 10 21
CRUCIGRAMA 11 23
CRUCIGRAMA 12 25
CRUCIGRAMA 13 27
CRUCIGRAMA 14 29
CRUCIGRAMA 15 31
CRUCIGRAMA 16 33
CRUCIGRAMA 17 35
CRUCIGRAMA 18 37
CRUCIGRAMA 19 39
CRUCIGRAMA 20 41

CRUCIGRAMA 21 43
CRUCIGRAMA 22 45
CRUCIGRAMA 23 47
CRUCIGRAMA 24 49
CRUCIGRAMA 25 51
CRUCIGRAMA 26 53
CRUCIGRAMA 27 55
CRUCIGRAMA 28 57
CRUCIGRAMA 29 59
CRUCIGRAMA 30 61
CRUCIGRAMA 31 63
CRUCIGRAMA 32 65
CRUCIGRAMA 33 67
CRUCIGRAMA 34 69
CRUCIGRAMA 35 71
CRUCIGRAMA 36 73
CRUCIGRAMA 37 75
CRUCIGRAMA 38 77
CRUCIGRAMA 39 79
CRUCIGRAMA 40 81
CRUCIGRAMA 41 83
CRUCIGRAMA 42 85
CRUCIGRAMA 43 87
CRUCIGRAMA 44 89
CRUCIGRAMA 45 91
CRUCIGRAMA 46 93
CRUCIGRAMA 47 95
CRUCIGRAMA 48 97
CRUCIGRAMA 49 99
CRUCIGRAMA 50 101

PARTE 2
CRUCIGRAMAS 7X11

CRUCIGRAMA 51 105
CRUCIGRAMA 52 107
CRUCIGRAMA 53 109
CRUCIGRAMA 54 111
CRUCIGRAMA 55 113
CRUCIGRAMA 56 115
CRUCIGRAMA 57 117
CRUCIGRAMA 58 119
CRUCIGRAMA 59 121
CRUCIGRAMA 60 123

PARTE 3
CRUCIGRAMAS 9X11

CRUCIGRAMA 61 127
CRUCIGRAMA 62 129
CRUCIGRAMA 63 131
CRUCIGRAMA 64 133
CRUCIGRAMA 65 135
CRUCIGRAMA 66 137
CRUCIGRAMA 67 139
CRUCIGRAMA 68 141
CRUCIGRAMA 69 143
CRUCIGRAMA 70 145

VOCABULARIO 147
SOLUCIONES DE LOS CRUCIGRAMAS 185
BIBLIOGRAFIA 199
OTROS LIBROS DEL AUTOR 203

DEDICATORIA

Dedicado a los amantes de los crucigramas con los cuales aprenden de todo un poco...

A mis estudiantes.

A mis amigos.

A mis compañeros de trabajo.

A mis hermanos y hermanas en el sendero espiritual.

A mis familiares más cercanos: Padre y Madre, hermanos, hermanas, tíos, tías, primos, primas y...

Especialmente, a mi esposa y a nuestros hijos, nietos y nietas...

Con el deseo de que pasen muchos momentos agradables llenando estos crucigramas en sus reuniones familiares y en sus momentos libres.

Benjamín Franklin Arias, Ph.D.
Autor

AGRADECIMIENTO

Agradezco, en primer lugar, a Dios por darme la vida y la sabiduría necesaria para contribuir con la comunidad con estos humildes aportes educativos.

A Eddy Ulerio por publicar muchos de estos crucigramas en su periódico, Latino News, bajo el nombre de Latinogramas.

A mis hijos que siempre me dan nuevas ideas para mis proyectos nuevos en esta, mi nueva Profesión como Escritor.

A Trafford Publishing Company por su gran trabajo profesional en mis publicaciones y por hacer posible su distribución a nivel mundial de manera legal y con todos los requisitos necesarios.

Y, principalmente, a mis lectores que siempre tratan de tener la colección completa de mis libros. Además, por recomendarlos y regalarlos a sus familiares y amigos en esos días especiales.

Benjamín Franklin Arias, Ph.D.
Autor

INTRODUCCION

CRUCIGRAMAS PARA EL TIEMPO LIBRE es una colección de varias colaboraciones que hice para LA VERDAD DEL SUR, periódico regional en el sur de la República Dominicana, en el cual publiqué mis primeros crucigramas. Para Serie 13, la primera Revista de los Ocoeños, publicada por los hermanos Arias Lara en San José de Ocoa, con la colaboración de varias personas muy reconocidas de la comunidad. Y para Latino News, un periódico mensual en Hazleton, Pennsylvania, en el cual también he publicado muchos artículos. Además, he incluido otros crucigramas nuevos que no había publicado todavía.

Según cuenta la historia, el primer crucigrama fue inventado en la desaparecida ciudad de Pompeya (en la antigua Roma) hace 2 mil años. Era un cuadrado de cinco palabras cuya lectura de izquierda a derecha, de derecha a izquierda, de abajo hacia arriba, y de arriba hacia abajo, formaba una oración en latín.

Sin embargo, este entretenido pasatiempo, tal y como lo conocemos ahora, fue inventado por el editor y periodista británico Arthur Wynne en 1913. El primero salió en el suplemento Fun del periódico New York World. Hoy en día los crucigramas se publican en casi todos los periódicos y revistas a nivel mundial. Hay personas que se dedican a tiempo completo a elaborarlos y publicarlos.

Como usted sabe, los crucigramas se elaboran con cuadros blancos y negros o de cualquier otro color. Los espacios en blanco se usan para escribir las letras de las respuestas que damos. Hemos incluido varias medidas de crucigramas. En la primera parte, 50 crucigramas 7x9. En la segunda parte, 10 crucigramas 7x11. Y en la tercera parte, 10 crucigramas 9x11. En total, son 70 crucigramas que te mantendrán ocupado en tus horas libres o en esos momentos junto a tus familiares, hasta que puedan resolverlos.

Hemos incluido, además, un vocabulario completo de todas las palabras usadas en todos los crucigramas con las diferentes definiciones que hemos dado, el cual será muy útil para encontrar esas palabras que no puedas llenar. También, podrás encontrar todas las respuestas de los crucigramas en la parte final del libro, las cuales puedes usar para autoevaluarte. Y, por último, en la Bibliografía podrás encontrar los libros, diccionarios y otras fuentes que hemos usado para la elaboración de esta colección de crucigramas.

Algunas personas se preguntan que como se elabora un crucigrama. Pues, este es el secreto: Primero se hace el diseño de los cuadros, determinando el tamaño que deseamos, ya sea 7x9, 7x11, 8x8, 9x11, 10x10...

Segundo, se sombrean algunos cuadros para que la imagen quede en forma simétrica o con el símbolo en grande que deseamos mostrar. Este puede ser un número, una letra grande, una imagen o un símbolo. Tercero, colocamos los números en los cuadros con el mínimo de palabras de dos letras o espacios y luego llenamos los cuadros en blanco con palabras horizontales que concuerden con las letras que también se usan con otras palabras verticales hasta llenar todos los cuadros.

Tercero, debemos consultar libros, diccionarios, enciclopedias, google, y otras fuentes disponibles para dar una definición corta a las palabras o siglas usadas en el crucigrama. A veces es necesario crear nuestra propia definición.

Cuarto, tan pronto tengamos las definiciones de todas las palabras horizontales y verticales, hacemos una copia del crucigrama, pero sin incluir las palabras que pusimos en los cuadros y ya, listo, lo publicamos. O sea, mostramos un crucigrama vacío para el público y guardamos el crucigrama original lleno para luego dar la respuesta en el siguiente número donde se publique o en la parte final de un libro. En conclusión, es más fácil elaborar un crucigrama que llenarlo.

Para llenarlos, lee la definición y coloca la palabra, ya sea de manera horizontal o vertical, usando una letra por cuadro. Si no sabes que palabra colocar, deja esa parte vacía y continúa con las demás definiciones. Luego de llenar las palabras horizontales sigue con las verticales. En ese momento, podrás ver algunas letras de las palabras que no sabías y en esa, la segunda vuelta, es posible que ya lo llenes por completo, usando esas nuevas pistas.

Espero que, con estos crucigramas, usted y los familiares y amigos puedan entretenerse y, al mismo tiempo, aprender de todo un poco al llenarlos juntos. Mi intención ha sido la de colaborar con ustedes, aunque sea un poco, con el crecimiento de sus conocimientos en sentido general y con el objetivo de que usen su tiempo libre de una menara productiva.

Gracias por haber obtenido este libro, el cual puede ser un excelente regalo que puedas dar a tus familiares, amistades, compañeros de trabajo y, de manera especial, a todos tus seres queridos que viven cerca o lejos de usted. Así que, empiecen ya a disfrutar y a aprender mucho con estos CRUCIGRAMAS PARA EL TIEMPO LIBRE.

Benjamín Franklin Arias, Ph.D.
Autor

PARTE 1

CRUCIGRAMAS 7X9

CRUCIGRAMA 1

HORIZONTALES

1. Número que corresponde a enero.
3. Hombres, en inglés.
6. Dios Sol de los egipcios.
7. Cabello blanco.
8. Receso Comunitario, programa radial.
10. Radio Frecuencia.
11. Oportunidad que se ofrece para algo.
13. Título de hermana religiosa.
14. New Relationship Energy.
15. Lo que hará el imán frente al hierro.
16. Nombre del satélite más grande de Júpiter.
17. Rafael Arias, mi padre y hermano mayor.
18. Interpretaré un papel en una película.
20. Para, en inglés.
21. Un, una, en inglés.

VERTICALES

1. Lugar Bíblico del nacimiento de Abraham.
2. Sustancia que produce relajación muscular.
3. Mujer que pertenece a la marina de guerra.
4. Le pondrá forro a algo.
5. Norma Arias, mi hermana mayor.
9. Zanahoria, en inglés.
11. Nombre de constelación mayor y menor.
12. National Education Association.
18. Antiguo Testamento.
19. Ejército Nacional.

CRUCIGRAMA 1

1	2			3	4	5
6			7			
	8	9		10		
11						12
13				14		
15						
	16			17		
18						19
20					21	

CRUCIGRAMA 2

HORIZONTALES

1. Número que corresponde a febrero.
3. Donar.
6. Rock and Roll.
8. South Carolina.
9. Placer o deleite que experimentamos o recibimos.
11. Representación geográfica plana la Tierra, continente o país.
12. Correctional Institutions.
14. United Nations Association.
15. Percibir los sonidos.
16. Pronunciación de la "G" en inglés.
17. Aquellas.
18. Desatad algo.
19. Fuerzas Armadas.
20. Personaje Bíblico que Jehová se lo llevó sin morir.
22. Metal precioso amarillo.
23. Sociedad Anónima.

VERTICALES

1. Dominican Republic.
2. Poner las cosas en orden.
4. Forman parte de una asociación o compañía.
5. Receso Comunitario, programa radial.
7. United States of America.
10. Levanta. También, apellido de Nelson, un fotógrafo famoso de Ocoa y amigo nuestro.
11. Denota grado superlativo.
13. Internal Revenue Service.
15. Se atreven.
17. Nombre de letra.
19. Interjección que denota mal olor.
21. Compañía por Acciones.

CRUCIGRAMA 2

1	2		■	3	4	5
6		■	7	■	8	
	9	10				
11				■	12	13
14			■	15		
16		■	17			
	18					
19		■	20			21
22			■	■	23	

CRUCIGRAMA 3

HORIZONTALES
1. International Phonetic Alphabet.
3. Amarra.
6. Dios-Sol de los Egipcios.
8. Registered Nurse.
9. India del Caribe.
11. Número para el mes de marzo
12. Bellas Artes.
14. Aire, en inglés.
15. Mayor cantidad.
16. Papá…, personaje de la navidad.
18. Se usa para indicar la risa.
19. Escasa de entendimiento.
20. Fuerzas Armadas.
21. República Dominicana.
23. Aquella.
24. Representa al cuerpo de Cristo.

VERTICALES
1. Moverse de un lugar hacia otro.
2. Personas que tienen amor a su patria.
4. Tendrá una ocupación remunerada.
5. Un, una, en inglés.
7. Significa "dos veces".
10. Por avión.
11. Se usa para referirse a algo exagerado.
13. Parte que sobresale de una vasija.
17. Latino News Pennsylvania.
20. Conjunto de creencias de una religión.
22. Distrito Nacional.

CRUCIGRAMA 3

1	2			3	4	5
6			7		8	
	9	10				
11					12	13
14				15		
16			17		18	
	19					
20					21	22
23				24		

CRUCIGRAMA 4

HORIZONTALES
1. Cuarto mes del año.
5. Expresar amor.
6. Un, una, en inglés.
8. Para, en inglés.
9. Otorga.
10. Arias Rojas, apellidos de mi padre.
12. El Mago de..., libro y película infantil.
13. Massachusetts.
14. Sociedad Anónima.
15. Toma lo ajeno.
19. Forma acusativa de la primera persona singular.
20. Espacio de tierra.
21. Extra Terrestre.
22. Otra vez, en inglés.

VERTICALES
1. Sentimiento de afecto.
2. Lugar donde despachan bebidas alcohólicas.
3. Consonante dos veces.
4. Partes del cuerpo del hombro a la cadera.
5. Trabajará fuertemente.
7. Ciudad en Israel donde Jesús vivió.
11. Pennsylvania.
16. Habla con Dios.
17. Rogar, en inglés.
18. Vocal tres veces.
19. Hombres, en inglés.

CRUCIGRAMA 4

	1	2	3		4	
5					6	7
8					9	
10			11		12	
		13			14	
15	16	17	18		19	
20					21	
	22					

CRUCIGRAMA 5

HORIZONTALES

1. Número que corresponde al mes de mayo.
3. Ir, en inglés.
4. República Dominicana.
5. University of Manitoba.
6. Huevo, en inglés.
8. Adjetivo posesivo.
9. Préstamo, en inglés.
11. Hormiga, en inglés.
13. DeoxyriboNucleic Acid, molécula con nuestro código genético.
14. Formado por las aves para poner sus huevos.
16. Identificación.
17. Organización Dominicana.
18. Sonido para ahuyentar a los perros y a otros animales.
19. ... José de Ocoa, Provincia en el Sur de la República Dominicana.
21. Corrió, en inglés.
22. Regalar.

VERTICALES

1. Entidad territorial dotada de autonomía legislativa.
2. Establecer o reformar algo para lograr un fin.
3. Invertebrados o parásitos, de cuerpo blando.
6. Pronombre personal masculino.
7. Dios, en inglés.
10. Trasladarse en el agua sin tocar el suelo.
12. Toronto Dominion, banco canadiense.
15. El mantra más sagrado del Hinduismo y Budismo.
20. Se usa para contestar de manera negativa.
21. Dios egipcio del Sol y del origen de la vida.

CRUCIGRAMA 5

	1				2	
3		■	■	■	4	
5		■	6	7		■
8		■	9			10
11		12	■	13		
14			15	■	16	
17		■		■	18	
19		20	■	21		
	22					

CRUCIGRAMA 6

HORIZONTALES

1. Sexto mes.
5. Punto cardinal, donde está Ocoa en la República Dominicana.
6. Sujeta con nudos.
8. Forma en que se pronuncia la R en inglés.
10. Organización Latina.
11. Los Angeles.
12. Carro para comprar en los supermercados, en inglés.
14. American Medical Association.
15. Edad, en inglés.
16. Indica el origen de algo.
18. Símbolo químico del Argón.
19. Un, una, en inglés.
20. Dios egipcio del Sol y del origen de la vida.
21. Abreviatura de Santo.
23. Hombre, en inglés.
24. Percibirán los sonidos con el oído.

VERTICALES

1. Afirmación o negación poniendo por testigo a Dios.
2. Ciudad Bíblica de los Caldeos donde vivía Abraham.
3. Inteligencia Artificial.
4. Donarán.
5. Con mucha sal.
7. Cambian la esencia o forma de algo
9. Personal Computer.
13. American Airlines.
17. Benjamín Franklin.
22. Escuché.
23. Mayra Arias, esposa del autor.

CRUCIGRAMA 6

	1	2		3	4	
5			■	6		7
8		■	9	■	10	
11		■	12	13		
14			■	15		
16		■	17	■	18	
19		■		■	20	
21		22	■	23		
	24					

CRUCIGRAMA 7

HORIZONTALES

1. Séptimo mes del año.
3. Segunda persona del singular.
4. Latino América.
6. O, en inglés.
8. Frecuencia Modulada.
9. Agradable, en inglés.
11. Alcohólicos Anónimos.
12. Cuarta letra del alfabeto hebreo.
13. Dirigí la vista a un objeto o persona.
14. Extra Terrestrial.
16. Ovarian Cancer Research Alliance.
17. Artificial Intelligence.
18. Pobre, en inglés.
19. Rafael Arias, padre del autor.
20. Estado, en inglés.

VERTICALES

1. Asuntos relacionados al derecho.
2. Oleré persistentemente.
3. Abreviatura de tonelada.
5. Señora de la casa.
7. Combatirá.
10. Zanahoria, en inglés.
13. Trapear, limpiar, en inglés.
15. Hermana de mi padre o madre.

CRUCIGRAMA 7

	1				2	
3					4	5
6			7		8	
9		10			11	
	12					
13					14	15
16					17	
18					19	
	20					

CRUCIGRAMA 8

HORIZONTALES

1. Octavo mes del año.
6. Ejército Nacional.
7. Pieza en forma circular.
9. Auxiliar para preguntar en el presente, en inglés.
11. Gas Station.
12. El mantra más sagrado en el Hinduismo y Budismo.
13. Air Conditioner.
14. Hombres, en inglés.
15. Organización de las Naciones Unidas.
16. En, en inglés.
18. Moverse hacia otro lugar apartado.
19. La misma consonante dos veces.
20. Zein Obagi, Dermatólogo Sirio-Americano.
21. Aire, en inglés.
23. Sociedad Anónima.
24. Guarda dinero para necesidades futuras.

VERTICALES

2. Rama de las matemáticas que estudia las medidas de las figuras en el plano y el espacio.
3. En (encima), en inglés.
4. Tel Aviv, en Israel.
5. Coordinar una actividad con las personas, el lugar, día y hora.
8. Carece de luz o claridad.
9. Amansará a un animal.
10. Benjamín Franklin, nombres del autor.
17. Arias Lara, apellidos del autor.
22. Recursos Humanos.
23. Abreviatura de Señor.

CRUCIGRAMA 8

1	2	3		4	5	
	6			7		8
9			10		11	
12					13	
14				15		
16			17		18	
19					20	
21		22		23		
	24					

CRUCIGRAMA 9

HORIZONTALES

1. Número que corresponde a septiembre.
5. Bebida alcohólica.
6. Aquella.
8. Electric Vehicle.
10. Cristianismo Reforamado.
11. Tengo conocimiento de algo.
12. Occupational Therapy.
13. Abreviatura de ustedes.
15. Nombre de letra.
16. Que no es buena.
18. Forma en que se pronuncia la R en inglés.
19. Identificación.
20. Rhode Island.
21. Pieza principal del ajedrez.
23. Mar, en inglés.
24. Recobras la salud.

VERTICALES

1. Sucesos o noticias recientes.
2. United Nations.
3. Percibe por los ojos.
4. Útiles pertenecientes a la escuela.
5. Reducir a términos breves y precisos.
7. Vaso que lleva la sangre del corazón a las demás partes del cuerpo.
9. Instituto Técnico.
14. Sabana Larga, municipio de San José de Ocoa.
17. Un, una, en inglés.
22. Ahora mismo.
23. Salvation Army.

CRUCIGRAMA 9

	1	2		3	4	
5				6		7
8			9		10	
11					12	
13		14		15		
16			17		18	
19					20	
21		22		23		
	24					

CRUCIGRAMA 10

HORIZONTALES

1. Número ordinal que corresponde a octubre.
7. Sociedad Anónima.
8. Alabama.
10. Orden que el superior da a los súbditos.
11. Dios egipcio del Sol y del origen de la vida.
13. Public School.
14. Realza el mérito de alguien.

VERTICALES

2. Pondrá algo en un lugar secreto.
3. Compañía por Acciones.
4. Massachusetts.
5. Exhalan fragancia.
6. Me detendré y permaneceré en un lugar al aire libre.
9. Mostrará amor.
12. América Latina.
13. Pennsylvania.

CRUCIGRAMA 10

	1	2	3		4	5
6	■	7		■	8	
	■		■	9	■	
	■		■		■	
10						
	■		■		■	
	■		■		■	
	■	11	12	■	13	
14						

CRUCIGRAMA 11

HORIZONTALES

1. Apellido de quien elaboró este crucigrama.
6. De esta manera o esa manera.
8. Adjetivo posesivo de la tercera persona.
10. Public School.
11. Provincia de Canadá.
14. Israel-América.
15. Persona que sobresale en una profesión.
16. Poner a alguien horizontalmente para que descanse.
19. Suroeste.
20. Rhode Island.
21. Mujer que se ocupa del cuidado de su casa.
23. Actúa contra alguien o algo para destruirlo.

VERTICALES

1. Dios solar del Antiguo Egipto.
2. Porción de tierra rodeada de agua por todas partes.
4. Arias International.
5. Mamífero carnívoro.
7. Pronombre demostrativo.
9. Solo y sin otro de su especie.
10. Poner un pie sobre algo.
12. Principio supremo en la filosofía china.
13. Rata, en inglés.
16. American Standard Association.
17. Reúne varias cantidades en una sola.
18. Andrés Manuel del..., geólogo y químico español.
21. En, en inglés.
22. Asociación Cristiana.

CRUCIGRAMA 11

	1	2	3	4		
5	■	6			■	7
8	9	■		■	10	
11		12		13		
■	14		■	15		■
16			17			18
19		■		■	20	
	■	21		22	■	
	23					

CRUCIGRAMA 12

HORIZONTALES

1. Indica el lugar en que está el hablante.
4. Pieza teatral.
6. Persona que se dedica a la zoología.
8. Organización Mundial de la Salud.
9. Consonante repetida tres veces.
10. Rhode Island.
11. Primera y segunda vocal.
12. Royal Naval Hospital.
14. American Dental Association.
15. Sujetar fuertemente.
17. De huesos.
18. Uno más uno.

VERTICALES

1. Objetos en forma de circunferencia.
2. Oxido Cálcico.
3. De eso trata 1 Corintios 13.
4. Santo…, capital de la República Dominicana.
5. Gustas.
6. Mamífero carnívoro.
7. Airear una cosa para refrescarla.
13. Hazleton Area School District.
14. Anillos metálicos.
16. Persona condenada después de la sentencia.

CRUCIGRAMA 12

	1	2	3			
	4				5	
6						7
8				9		
10					11	
12		13		14		
15			16			
	17					
		18				

CRUCIGRAMA 13

HORIZONTALES

1. En este día.
3. Mayra Dignora Arias, esposa del autor.
6. Un, una, en inglés.
8. En (adentro), en inglés.
9. Cocino directamente al fuego.
11. Primer día de la semana.
14. Warner Brothers.
15. International Association.
16. Que exhala olor.
19. Sol, en inglés.
20. Expresa aprobación.
22. Suroeste.
23. Siente amor.
24. Escuchar.

VERTICALES

1. Hazleton Area School District.
2. En (encima), en inglés.
4. Puse a disposición de otro.
5. Voy de un lugar a otro dando pasos.
7. De esta manera.
9. El uno y el otro, los dos.
10. Cebolla, en inglés.
12. Búho, en inglés.
13. Combustible.
16. San José de..., provincia al sur de la República Dominicana.
17. Correr, en inglés.
18. De eso trata 1 Corintios, Capítulo 13.
21. Kilómetro.
22. Séptima nota de la escala musical.

CRUCIGRAMA 13

1	2			3	4	5
6			7		8	
		9		10		
11	12				13	
	14			15		
16			17			18
		19				
20	21				22	
23				24		

CRUCIGRAMA 14

HORIZONTALES

1. Bolsa que se lleva en la espalda sujeta a los hombros.
7. Lección que da el maestro.
9. Ramesh…, líder espiritual Hindú.
11. American Airlines.
13. Alcohólicos Anónimos.
14. Aumenta de tamaño.
15. Pennsylvania.
16. Del verbo ser.
18. Estrella alrededor de la cual gravita la Tierra.
20. En ningún tiempo.
22. Hijo, en inglés.
23. Ponen a disposición de otros.

VERTICALES

2. Orange County.
3. Centro Literario Ocoeño.
4. Ciudad donde está el Instituto Técnico Benjamín Franklin.
5. International Sign Association.
6. Librería Educativa.
8. Parents' Association.
10. Confirma que una acción se ha realizado.
12. Aquí, sinónimo.
13. Association for Experiential Education.
15. Partido Liberal.
17. Santo Domingo.
18. Sol, en inglés.
19. La Clase Divertida.
20. Expresa la idea de negación.
21. Primera vocal dos veces.

CRUCIGRAMA 14

1	2	3	4	5	6	
	7					
8		9				10
11	12				13	
	14					
15					16	17
		18		19		
	20				21	
22				23		

CRUCIGRAMA 15

HORIZONTALES

1. He hecho que la comida pase de la boca hacia el estómago.
7. Verbo to be, en español.
8. Hijo, en inglés.
9. Fiesta Judía que celebra la liberación de sus enemigos.
11. Adjetivo posesivo de la 3ra persona.
12. Es, en inglés.
14. Asociación Bíblica Cristiana.
15. Uno, en inglés.
16. La misma consonante dos veces.
18. International Association.
19. Personaje Bíblico, hijo de Abraham, padre de Jacob y Esaú.
22. Universidad Central del Este.
23. Hombre, en inglés.
25. Instrumento de metal, en forma de copa invertida.

VERTICALES

1. Technical School.
2. … Dominicana, país caribeño.
3. African Rural University.
4. De esta manera.
5. Dominicano, en inglés.
6. En (encima), en inglés.
10. Receso Comunitario, programa radial.
11. Sustancia blanca cristalizada que se emplea como condimento.
13. Mar, en inglés.
17. Pennsylvania.
20. Personaje Bíblico, primogénito de Noé.
21. Siente amor.
22. Universidad Cristiana.
24. North América.

CRUCIGRAMA 15

1	2	3		4	5	6
7			■	8		
	9		10			
11		■		■	12	13
14			■	15		
16		■	17	■	18	
	19	20		21		
22			■	23		24
25						

CRUCIGRAMA 16

HORIZONTALES

1. Sureste.
3. Asociación Teológica.
5. United Nations Association.
7. Tres vocales consecutivas.
8. Información de un acontecimiento reciente.
10. Produzco con la voz palabras melodiosas.
11. Cubrir o cerrar con algo.
14. Fijaron el sentido de la vista sobre algo.
16. Siente amor.
17. Une o sujeta con una cuerda.
18. Noreste.
19. Naipe que lleva el número uno.

VERTICALES

1. Sol, en inglés.
2. Personaje Bíblico, padre de Matusalén.
3. Cuatro vocales consecutivas.
4. La hermana de la madre o del padre de uno.
6. Se lanzará contra alguien para hacerle daño.
7. Representará un papel en una película.
9. En (dentro), en inglés.
11. Tiempo, en inglés.
12. Pennsylvania.
13. Partida en trozos o fragmentos.
14. Hombre, en inglés.
15. North American School.

CRUCIGRAMA 16

1	2				3	4
5		6		7		
8			9			
	10					
	11		12		13	
14						15
16				17		
18					19	

CRUCIGRAMA 17

HORIZONTALES

1. Se usa para colocar libros.
6. En (encima), en inglés.
7. Dominican Republic.
8. Une mediante nudos.
10. Dar el tono debido al cantar.
13. Moverse hacia determinado lugar.
14. Toms River.
15. Cuerpo celestre que gira alrededor del sol.
18. Señal de socorro.
19. Salvation Army.
21. Parque Libertad.
22. Toma clases en la Universidad hasta graduarse.

VERTICALES

1. Amor, en inglés.
2. En (dentro), en inglés.
3. Partido en trozos.
4. República Dominicana.
5. Hablar con Dios.
8. Hacia la parte que está a las espaldas de uno.
9. Indica prioridad en el tiempo.
11. Next in line (Próximo en la fila).
12. Arte, en inglés.
15. Hice que una cosa esté en un lugar determinado.
16. Reconocido restaurante japonés.
17. En aquel lugar.
20. Naipe que lleva el número uno.
21. Mide 3.14.

CRUCIGRAMA 17

1	2		3		4	5
6		■		■	7	
	■	8		9	■	
10	11				12	
	13		■	14		
15			16			17
	■	18			■	
19	20	■		■	21	
22						

CRUCIGRAMA 18

HORIZONTALES

1. Yo soy, en inglés, usando contracción.
3. Asociación Dominicana.
5. Se usa para ofrecer servicios y productos en un periódico o revista.
7. Christian School of York.
8. De esta manera.
9. En, en inglés.
11. Cruz Roja.
12. Marca de vehículo japonés.
13. Instituto Técnico.
14. Segunda persona del singular.
16. Poner, en inglés.
18. Personal Identification Number.
19. Lo que el imán hará al hierro.
20. Escuché.
21. North America.

VERTICALES

1. Centro de Estudios Técnicos.
2. Indica el más alto grado de un adjetivo.
3. Hacia este lugar.
4. Sostendrá opiniones opuestas.
5. American Christian Association.
6. Escuchar.
10. Sol, en inglés.
13. International Phonetic Alphabet.
15. Junte dos o más cosas.
17. Indica tres.
18. Lapicero o pluma, en inglés.

CRUCIGRAMA 18

	1	2	■	3	4	
5						6
7			■	8		
9		■	10	■	11	
■	12					■
13		■		■	14	15
16		17	■	18		
19						
	20		■	21		

CRUCIGRAMA 19

HORIZONTALES

1. United States of America.
3. Repetición de un sonido.
6. Expresa afirmación.
8. Dominican Republic.
9. Gato, en inglés.
11. Volver abrir.
14. Sabana Larga.
15. Instituto Cultural.
16. La...de Dios, la Biblia.
19. English Speaking Union.
20. Receso Comunitario, programa radial.
22. Tengo conocimiento de algo.
23. Nombre que los musulmanes le dan a Dios.
24. Todavía.

VERTICALES

1. Llevar una prenda de vestir.
2. Sports Illustrated.
4. Compact Disc.
5. Hablar con Dios.
7. Taxi, en inglés.
9. Vía entre edificios.
10. Grupo social primitivo.
12. Aquella.
13. Iglesia Cristiana Reformada.
16. Fruta.
17. De esta manera.
18. Que así sea.
21. Comunidad Latina.
22. Seattle University.

CRUCIGRAMA 19

1	2		■	3	4	5
6		■	7	■	8	
	■	9		10	■	
11	12				13	
	14		■	15		
16			17			18
	■	19			■	
20	21	■		■	22	
23			■	24		

CRUCIGRAMA 20

HORIZONTALES

1. Famoso.
6. Lo contrario al bien.
9. Hace lo que se le pide.
12. Not For Resale.
13. Percibir los sonidos.
14. Dirigirse a un lugar a pie.
16. Une con nudos.
19. Creer y esperar con firmeza y seguridad.

VERTICALES

2. Eddy Ulerio, Editor en Jefe del Latino News.
3. Tiempo vivido por una persona.
4. Receso Comunitario, programa radial.
5. Hace ruido cuando duerme.
6. Baja o disminuye algo.
7. Hembra del león.
8. Mamífero doméstico muy leal.
10. Bibles For America.
11. Central Intelligence Agency.
15. Instituto Técnico Benjamín Franklin.
17. Suroeste.
18. Pennsylvania.

CRUCIGRAMA 20

1	2		3		4	
		■		■		
5	■	6		7	■	8
9	10				11	
12			■	13		
14			15			
	■	16			■	
	17	■		■	18	
19						

CRUCIGRAMA 21

HORIZONTALES

1. Poder Latino News, se publicaba en Hazleton, PA.
3. Asociación Bíblica Cristiana.
6. Ocoeños Excelentes.
8. Dios sol de los egipcios.
9. Composición en verso que se canta.
12. Automatic Teller Machine.
13. República Dominicana.
14. Pennsylvania.
16. Une con nudos.
19. Dar culto a Dios.
22. Energía Solar.
23. Salvation Army.
24. Hijo, en inglés.
25. Lejos, en inglés.

VERTICALES

1. Reducida cantidad.
2. Librería Educativa Arias.
4. Abreviatura de "brother".
5. Pelo blanco.
7. Actuar, en inglés.
10. Se trasladan en el agua moviendo los brazos.
11. Que no tiene par.
15. Animales con dos alas.
17. Diez, en inglés.
18. Remover la tierra haciéndole surcos.
20. Aquello.
21. Parte por la que se sostiene una taza.

CRUCIGRAMA 21

1	2			3	4	5
6		■	7	■	8	
9		10		11		
	■	12			■	
	13		■	14		
15	■	16	17		■	18
19	20				21	
22		■		■	23	
24				25		

CRUCIGRAMA 22

HORIZONTALES

1. Segundo mes del año.
4. Florida Institute of Technology.
6. Con mucho olor.
9. Preposición de lugar.
10. Segunda nota musical.
11. Adquirir pleno desarrollo físico e intelectual.
14. Uno, en inglés.
15. Disuelvo por medio del calor algo sólido.

VERTICALES

1. Delicado y de buena calidad.
2. Celebrar algo con risa.
3. San José de ..., pueblo natal del Autor.
4. Superficie sobre la cual está el agua.
5. Edificio fuerte, más alto que ancho.
7. Librería Educativa Arias.
8. Mar, en inglés.
11. Sirvienta, en inglés.
12. Juntar dos o más cosas.
13. Objetivo difícil de llevar a cabo.

CRUCIGRAMA 22

CRUCIGRAMA 23

HORIZONTALES
1. Cuarto mes del año.
6. Se dice cuando algo termina.
8. Associated Press.
10. American Airlines.
11. Hombres, en inglés.
13. Todo, en inglés.
14. Congregación de los fieles Cristianos.
15. Abreviatura de Samuel.
16. Automated Teller Machine.
17. Argón, elemento químico.
19. Alcohólicos Anónimos.
20. Uno más uno.
22. Señor y Salvador.

VERTICALES
2. Benjamín Franklin.
3. Corriente de agua continua.
4. En (dentro), en inglés.
5. Prendas de vestir de los hombres.
7. Un tipo de marisco.
9. Juntar una cosa a otra.
10. Ala pequeña.
12. New Life Mission.
13. Parte para sostener una taza.
18. Código internacional para "auxilio".
20. Nombre de la cuarta letra del alfabeto.
21. Seattle University.

CRUCIGRAMA 23

	1	2	3	4		
5	■	6			■	7
8	9	■		■	10	
11		12	■	13		
14						
15			■	16		
17		■	18	■	19	
	■	20		21	■	
	22					

CRUCIGRAMA 24

HORIZONTALES

2. Asociación Médica Americana.

5. Associated Press.

7. Travel Agent.

8. Andar determinada distancia.

11. Del hebreo y significa alabad a Dios.

12. Asociación de Jóvenes.

13. Rhode Island.

14. Abolir, en inglés.

17. Saca de raíz.

18. Dios solar de los egipcios.

19. Baraja con el número uno.

20. Poder, en inglés.

VERTICALES

1. Pone algo afuera.

3. Enviar por correo, en inglés.

4. Elevada de precio.

6. La...de Dios, la Biblia.

7. Piedras colocadas de forma que puedan apresar una persona o un animal.

9. Superior a otra cosa.

10...Sanlley, actriz dominicana que representaba a la Pinky.

14. American Association of Retired Person.

15. Materia derretida que sale de un volcán.

16. Hazleton Area School District.

CRUCIGRAMA 24

1	■	2	3		■	4
5	6	■		■	7	
8		9		10		
11						
	12		■	13		
14			15			16
17						
18		■		■	19	
	■	20			■	

CRUCIGRAMA 25

HORIZONTALES

1. Sexto mes del año.
5. Animal doméstico, en inglés.
6. Poder, en inglés.
8. Hijo, en inglés.
9. Hombres, en inglés.
11. En (encima), en inglés.
12. Se usa para negar.
13. Personaje Bíblico. Hijo de Noé.
15. Verbo comer en pasado, en inglés.
16. Usa de nuevo.
18. National Security Agency.
19. Sinónimo de linda, hermosa.

VERTICALES

2. Encima, en inglés.
3. Nuevo, en inglés.
4. Artículo, en inglés.
6. Colocar algo en un sitio.
7. Lo que se paga al vivir en una casa ajena.
8. Código internacional para "auxilio".
10. Personaje Bíblico que construyó el arca.
14. Libro en que se incluyen las comidas, bebidas y postres de un restaurante.
15. As Soon As Possible.
17. United States of America.

CRUCIGRAMA 25

	1	2	3	4		
		5				
	6				7	
8				9		10
11					12	
13		14		15		
	16		17			
		18				
	19					

CRUCIGRAMA 26

HORIZONTALES

1. Dios, en inglés.
4. Hijo de Dios, Señor, y Salvador.
6. Que producen comodidad.
8. American Heart Association.
9. En este lugar.
10. Lotería Nacional.
11. Arias Lara, apellidos del autor.
12. Aquello.
14. Caminaré de acá para allá.
15. Publicación de pocas hojas.
17. Ciudad en el Suroeste de la República Dominicana.
18. Regional Processing Facility.

VERTICALES

1. Piedra preciosa.
2. Mamífero carnívoro.
3. Desconfía o sospecha.
4. Lyndon B. ..., Presidente de los E.U. en 1963 después que asesinaron a John F. Kennedy.
5. Pondría algo afuera.
6. Personaje Bíblico, líder hebreo.
7. Pasan de dentro a fuera.
13. Percibir los olores.
14. Instituto Técnico Benjamín Franklin.
16. Early Intervention Program.

CRUCIGRAMA 26

		1	2	3		
	4				5	
6						7
8				9		
10					11	
12		13		14		
15			16			
	17					
		18				

CRUCIGRAMA 27

HORIZONTALES

1. Persona que habla español.
6. Todo, en inglés.
7. Sexta nota de la escala musical.
9. Puerto Rico.
10. Artículo determinado masculino en plural.
12. Percibo con mis ojos.
13. Río, en inglés.
14. Consonante repetida tres veces.
15. Prefijo que significa tres.
17. Alcohólicos Anónimos.
19. En (encima), en inglés.
20. Se dice así cuando algo termina.
22. Estados Unidos de...

VERTICALES

1. Pasillo, en inglés.
2. Sociedad Anónima.
3. Poder Latino News, se publicaba en Hazleton, PA.
4. Arias Lara, apellidos del autor.
5. Uno más.
8. Una de las arterias grandes.
9. Animal muy leal al hombre.
11. Sentarse, en inglés.
12. Veterinario, en inglés.
14. Se usa para tomar café o té.
16. Antigua moneda de oro del Perú.
18. Señor, en inglés.
20. Se define en la Biblia en Hebreos 11:1.
21. Denota negación seguida de otra.

CRUCIGRAMA 27

1		2	3	4		5
	■	6			■	
7	8	■		■	9	
10		11	■	12		
	13					
14			■	15		16
17		■	18	■	19	
	■	20		21	■	
22						

CRUCIGRAMA 28

HORIZONTALES

1. República Dominicana.
3. Abreviatura de onza.
5. Jesús lo usó en la Santa Cena.
7. Se nos paga por hacerlo.
10. Online Enrollment System.
11. ...and Jerry, muñequitos animados.
12. Se usa para patinar.
13. Percibir por los ojos.
14. Autobús pequeño, en inglés.
16. Que exhala de sí fragancia.
18. North American School.
19. En (encima), en inglés.
20. De eso trata Hebreos 11:1.

VERTICALES

1. Se rompió.
2. Taxi, en inglés.
4. Se usa para reuniones o clases por video.
5. Cruzaron de una parte a otra.
6. Pertenecen al lugar donde nacieron.
8. Rechazar, en inglés.
9. Personaje Bíblico tragado por un pez.
13. Se usa para elegir una preferencia política.
15. Ninguno, en inglés.
17. Rayo, en inglés.

CRUCIGRAMA 28

1			2		3	4
		5		6		
7	8				9	
10				11		
	12					
13				14		15
16			17			
		18				
19					20	

CRUCIGRAMA 29

HORIZONTALES

1. Poder, en inglés.
6. Habitación para comer.
8. América Latina.
9. Nota musical.
10. Forma corta de Elizabeth.
12. Municipio cabecera de la provincia Valverde, Rep. Dom.
13. Grúa gigantesca.
14. Labio, en inglés.
15. Abreviatura de limited (limitada).
17. Iglesia Cristiana.
19. Vocal repetida dos veces.
20. Composición de alabanza a Dios.
23. Brinco.

VERTICALES

1. Mujeres que les gusta la política.
2. Sonido que se usa en la meditación.
3. Casarse, en inglés.
4. Forma corta de Edward.
5. Sentimental.
6. Sustancia alcalina de color blanco.
7. Corriente de agua continúa.
11. Cerrar una ropa, en inglés.
12. No se siente bien.
14. Abreviatura de Licenciado.
16. Regaló.
18. Assessment, Teaching, and Learning.
21. North América.
22. Instituto Técnico.

CRUCIGRAMA 29

	1	2	3	4	5	
6						7
8		■		■	9	
10		11	■	12		
■	13					■
14			■	15		16
17		■	18	■	19	
20		21		22		
	23					

CRUCIGRAMA 30

HORIZONTALES

1. International Phonetic Alphabet.
3. Aquí.
6. Benjamín Arias.
8. Un, una, en inglés.
9. Regalo, en inglés.
12. Registered Nurse.
13. Nuevo Testamento.
14. Se celebra el 25 de diciembre.
15. Se usa para negar.
16. Consonante repetida.
17. Persona que predice el futuro.
20. Mayra Arias.
21. En (encima), en inglés.
22. De esta manera.
23. Utilicé.

VERTICALES

1. Institute for Brain Potential.
2. Grandes fiestas navideñas.
4. Cantar mutuamente uno al otro.
5. Hormiga, en inglés.
7. Es, esta, en inglés.
10. Enviado para una misión diplomática, en inglés.
11. Nombre de varón.
17. Expresa amor.
18. Se dirige hacia allá.
19. Uno, en inglés.

CRUCIGRAMA 30

1	2			3	4	5
6		■	7	■	8	
9		10		11		
■	12		■	13		■
14						
■	15		■	16		■
17			18			19
20		■		■	21	
22				23		

CRUCIGRAMA 31

HORIZONTALES

2. Personal Identification Number.
6. Afecto personal que nace y se fortalece con el tiempo.
9. Sociedad Anónima.
10. Pedro Guerreo, jugador dominicano de béisbol.
11. Denota simultaneidad de un acontecimiento con otro.
14. Librería Bíblica.
15. University of Idaho.
16. Aire que se expulsa al respirar.
19. Minerva Arias, mi hermana mayor.
20. Ciudad antigua de los Caldeos.
21. Suspendida y previamente anunciada.
24. North American School.

VERTICALES

1. Hazleton Area School District.
2. Mide 3.14.
3. Porción de tierra rodeada de agua por todas partes.
4. Nuevo Testamento.
5. Borde, en inglés.
7. Dan maullidos.
8. Capacidad para operar una actividad.
12. Red Bíblica Internacional.
13. Monja, en inglés.
16. Sentir amor por alguien o algo.
17. Pronombre personal femenino.
18. Rogar a Dios.
22. United Nations.
23. Baraja con el número uno.

CRUCIGRAMA 31

1	■	2	3	4	■	5
6						
9		■		■	10	
11		12		13		
	14		■	15		
16			17			18
19		■		■	20	
21		22		23		
	■	24			■	

CRUCIGRAMA 32

HORIZONTALES

1. Sentirán amor por alguien o algo.
5. Te Amo.
6. Pronombre de la primera persona del singular.
10. Masticar el alimento y pasarlo al estómago.
13. Medio de trasporte aéreo.
15. Período de tiempo de larga duración.
17. Suroeste.
19. Mide 3.14.
20. Órgano de algunos animales para volar.
22. Metal de color amarillo brillante.
23. El 14 de febrero es día de ellos.

VERTICALES

1. Une con ligaduras o nudos.
2. Mi Amor.
3. Segunda nota de la escala musical.
4. New York.
7. En (encima), en inglés.
8. Amor, en inglés.
9. Gran mamífero carnívoro.
10. California.
11. Me pertenecen.
12. Registered Nurse.
14. United States of America.
16. Ser supremo Creador del universo.
18. Onda en la superficie de las aguas.
19. A nivel profesional.
21. Amplitud Modulada.
22. … Mandino, autor de libros de auto ayuda.

CRUCIGRAMA 32

1	2		3		4	
5		■		■	6	7
	■	8	■	9	■	
■	10		11		12	■
■	13					■
14	■	15			■	16
17	18	■		■	19	
20		21	■	22		
	23					

CRUCIGRAMA 33

HORIZONTALES

1. Tercer mes del año.
6. Corriente de agua continua.
8. Alcohólicos Anónimos.
10. Regala.
11. Hacer planes.
14. Asociación de Comerciantes.
15. Frecuencia Modulada.
16. Padres de mis padres.
19. Teaching Assistant.
20. Así, en inglés.
21. Metal precioso de color amarillo.
23. Objetos inanimados.

VERTICALES

2. Arias Rojas, apellidos de mi padre.
3. Celebran con risas.
4. Zein Obagi, Doctor de la piel.
5. Gorra, en inglés.
7. Dos cosas iguales.
9. Glorifica.
10. Donamos.
12. Associated Credit Union.
13. English as a Foreign Language.
16. Amarra.
17. Oídos, en inglés.
18. Estrella de nuestro Sistema planetario.
21. Vocal repetida dos veces.
22. Ocoeños Asociados.

CRUCIGRAMA 33

	1	2	3	4		
5	■	6			■	7
8	9	■		■	10	
11		12		13		
■	14		■	15		■
16			17			18
19		■		■	20	
	■	21		22	■	
	23					

CRUCIGRAMA 34

HORIZONTALES

1. Cuarto mes del año.
5. La forma en que contestamos el teléfono.
6. Denota grado superlativo.
8. Marca de vino italiano.
9. Mostré amor.
10. National American University.
11. Letras de un banco de Pennsylvania.
13. Institute for Integrative Nutrition.
15. Cerrar la puerta con una tranca.
16. … Saldaña, nombre de la actriz.
17. Revenue Online Service.
18. Marco Antonio…, apellido del cantante.

VERTICALES

1. Lo que comemos.
2. Hueso, en inglés.
3. Mineral que atrae al hierro.
4. Que padecen locura por intervalos.
5. En este lugar.
7. Tú, en inglés.
11. Situación y relación de quienes no están en guerra.
12. Tengo fe en Dios.
13. Jesús Nazareno Rey de los Judíos, en latín.
14. North American School.

CRUCIGRAMA 34

	1	2		3	4	
5				6		7
8						
9				10		
11		12		13		14
15						
16				17		
	18					

CRUCIGRAMA 35

HORIZONTALES

2. Parent Teacher Association.
5. Parte del ave para volar.
7. Celebre con risa.
9. Personas que hacen pantalones.
11. Corbata, en inglés.
12. Cantidad pequeña de una bebida.
14. Regional Airline Association.
16. Dar en el punto a que se dirige algo.
19. Mar, en inglés.
20. Arte, en inglés.
21. Consonante repetida tres veces.

VERTICALES

1. Universidad Autónoma de Santo Domingo.
2. Dirigir una iglesia.
3. Quitar con violencia y fuerza.
4. Hazleton Area School District.
6. Los Angeles.
8. Internet Explorer.
10. Sinónimo de lanzar.
13. Edificio para una familia.
15. Habilidad y virtud para hacer algo.
17. Nombre de la tercera letra.
18. Arias Rojas, apellidos de mi padre.

CRUCIGRAMA 35

1		2		3		4
5	6			7	8	
9			10			
		11				
	12					
13		14				15
16	17				18	
19				20		
		21				

CRUCIGRAMA 36

HORIZONTALES

1. **Congregación de los fieles cristianos.**
4. **Pase la vista por lo escrito.**
7. **Sirve para sostener una taza.**
9. **Cambian la esencia o forma de algo.**
10. **Inteligencia Artificial.**
11. **Edición Popular.**
12. **Carrera de resistencia.**
14. **United States of America.**
15. **Aquella.**
17. **Se dice mucho en las iglesias. Significa alabad a Dios.**

VERTICALES

1. **Porción de tierra rodeada de agua.**
2. **Estados Unidos.**
3. **Sienten amor por alguien o algo.**
5. **Profeta hebreo.**
6. **Sujetará con ligaduras o nudos.**
7. **Anillo de metal que se usa en las orejas.**
8. **Anfibios con ojos saltones y extremidades cortas.**
12. **Hija del caballo y burra. Es estéril.**
13. **National Aeronautics and Space Administration.**
16. **América Latina.**

CRUCIGRAMA 36

1			2			3
	■	■		■	■	
4	5	6	■	7	8	
9						
	10		■	11		
12						13
14			■	15		
	■	■	16	■	■	
17						

CRUCIGRAMA 37

HORIZONTALES

1. Conjunto de muchas hojas de papel con información educativa.
6. Cabelleras postizas.
8. Unión Americana.
9. Knockout en boxeo.
10. Juguete, en inglés.
12. Corriente de agua continua.
13. Repetición de un sonido.
14. Organización Mundial de la Salud.
16. Operating System.
18. Moverse de aquí para allá.
19. Persona que sirve en el ejército.
22. Terreno sin altos ni bajos.

VERTICALES

1. Pase la vista por lo escrito.
2. Iglesia Luterana.
3. Ave rapaz nocturna, que le gustaba a Anthony Ríos.
4. Rosacruz.
5. Roble, en inglés.
6. Sirven para que las embarcaciones hagan carga y descarga.
7. Petición de ayuda en el peligro.
10. También, en inglés.
11. Si, en inglés.
15. Ropa o costumbre popular durante un tiempo.
17. Estrella en el centro de nuestro sistema planetario.
18. Persona falta de juicio.
20. Consonante repetida dos veces.
21. Asociación Nacional.

CRUCIGRAMA 37

	1	2	3	4	5	
6						7
8		■		■	9	
	■	10		11	■	
12			■	13		
	■	14	15		■	
16	17	■		■	18	
19		20		21		
	22					

CRUCIGRAMA 38

HORIZONTALES

2. Benjamín Franklin Arias, autor de este crucigrama.
6. Persona que ejercita alguna de las bellas artes.
9. Pronombre personal de la primera persona.
10. Internet Protocol.
11. Organización Mundial de la Salud.
13. Séptima letra del alfabeto griego.
14. Insecto que encontramos en los perros y otros animales.
15. Abreviatura de Benjamin.
16. One Night Only.
18. Emergency Room.
20. Instituto Cultural.
21. Estilo de adornos en que predomina la línea curva.
24. Dominicano.

VERTICALES

1. Quinto mes del año.
2. Beatriz Teresa, mi hermana.
3. Se acabó, terminó.
4. Carta de la baraja número uno.
5. Representación gráfica de una parte de la superficie terrestre.
7. Hará pedazos algo.
8. Barco que se hundió y muchos murieron.
12. Sol, en inglés.
13. Exceso de autoestima.
15. Niño recién nacido.
17. San José de..., Provincia al sur de la República Dominicana.
19. Metal precioso de color amarillo.
22. República Dominicana.
23. Uno de los mantras más sagrados del budismo.

CRUCIGRAMA 38

1		2	3	4		5
6	7				8	
9		■		■	10	
11		12	■	13		
	14					
15			■	16		17
18		■	19	■	20	
21		22		23		
		24				

CRUCIGRAMA 39

HORIZONTALES

1. Formada por padres e hijos.
6. Pieza de metal en forma circular.
7. Juguete, en inglés.
9. Rata, en inglés.
11. Que exhala de sí olor o fragancia.
13. Realizará la ovulación.
17. Donas, regalas.
18. Lugar en que se despachan bebidas.
19. Aire, en inglés.
21. Hará que acuda alguien hacia ella.

VERTICALES

1. Imagen obtenida con una cámara.
2. Quinto mes.
3. Caminar de acá para allá.
4. Ave que aprende a decir algunas palabras.
5. De gran estatura.
8. Tipo de aceite de color verde.
10. Cocinará carne directamente al fuego.
12. Papel o función que alguien cumple.
13. No ama.
14. Llevar una prenda de vestir.
15. Destapa un recipiente.
16. Instrumento para atacar o defenderse.
20. Inteligencia Artificial.

CRUCIGRAMA 39

1		2	3	4		5
		6				
7	8			9	10	
11			12			
13		14		15		16
17				18		
		19	20			
21						

CRUCIGRAMA 40

HORIZONTALES

4. Haga oración a Dios.
6. Recobramos la salud.
9. Punto, en inglés (se usa en internet).
10. Partido Revolucionario Dominicano.
11. Todo, en inglés.
12. Dos cosas iguales.
14. Nombre de letra.
17. Hará pipí.
19. Percibir los sonidos con el oído.

VERTICALES

1. Hazleton Area School District.
2. Hace surcos en la tierra.
3. Universidad Autónoma de Santo Domingo.
4. Provincia canadiense.
5. Dar trabajo a alguien.
7. Asociación Ocoeña.
8. O, en inglés.
12. Una pequeña cantidad.
13. Símbolo del argón.
15. Señor, en inglés.
16. Oídos, en inglés.
18. New International Version.

CRUCIGRAMA 40

1			2			3
		4		5		
6	7				8	
9				10		
		11				
12	13			14	15	16
17			18			
		19				

CRUCIGRAMA 41

HORIZONTALES

1. Mover hacia arriba.
5. General Electric.
6. Pronombre reflexivo de la primera persona.
7. Que tiene muchos granos en la superficie.
9. Corrió, en inglés.
10. Remote Procedure Call.
11. Abreviatura de anuncio, en inglés.
12. Occupational Therapy.
13. Verbo "to be", en español.
15. Organización de las Naciones Unidas.
16. Convenio entre dos o más personas.
17. Estudios Sociales.
18. Nombre de la tercera letra.
19. Filmar o pasar una película.

VERTICALES

1. Dar gracias o mostrar gratitud.
2. Pasen la vista por buenos libros.
3. Sentimiento de afecto.
4. Contestar lo que se pregunta.
7. Manteca de un animal.
8. Participó en una película como actor.
14. De Rusia.
15. Ballena asesina.

CRUCIGRAMA 41

	1	2		3	4	
	5			6		
7						8
9				10		
11					12	
13		14		15		
16						
	17			18		
	19					

CRUCIGRAMA 42

HORIZONTALES

1. De esta manera.
3. Regalar.
5. Personaje Bíblico que construyó un arca enorme.
7. La celebramos el 25 de diciembre.
10. Comprendo lo que aprendo.
11. Instituto Técnico.
12. Centro Educativo.
13. Ejerce una determinada profesión.
16. Harás daño a una persona o animal.
17. Parte que sobresale de la taza.
18. Diez, en inglés.
19. Región donde está San José de Ocoa.

VERTICALES

1. Hembra del asno.
2. Llamarán a varias personas para que asistan a una actividad.
3. Harás eso en un libro en las primeras páginas.
4. Áspero, descortés, grosero.
6. Organización Internacional de Migración.
8. Cogeré con la mano.
9. Lleva a alguien o algo lejos.
13. Eso, esa, en inglés.
14. Indica que algo debe repetirse en una obra musical.
15. Cocinar por la acción directa del fuego.

CRUCIGRAMA 42

1		2		3		4
	■	5	6		■	
7	8				9	
10						
	11		■	12		
13			14			15
16						
	■	17			■	
18				19		

CRUCIGRAMA 43

HORIZONTALES

1. Nombre de dos constelaciones.
4. Pasión que causa enojo.
7. Pertenecen al sistema solar y aparecen regularmente.
8. Uno, en inglés.
9. Hormiga, en inglés.
10. Papel o función que alguien cumple.
12. Natural de Siria.
14. Consejo Estatal del Azúcar.
16. Parte que sobresale de una vasija.
18. North American School.
20. Mujer que pinta.
21. Pieza de metal en forma circular.
22. Moneda japonesa de cobre.

VERTICALES

1. Ciudad, rodeada de montañas, al sur de la República Dominicana.
2. Hijo, en inglés.
3. Natural de América.
4. Personas de Italia.
5. Corrió, en inglés.
6. Palo de la bandera.
11. Haga oración a Dios.
13. Representación geográfica y plana de la Tierra.
15. Se atreven.
17. Señor, en inglés.
19. You ..., eres, o estás, en inglés.

CRUCIGRAMA 43

1	2	3	■	4	5	6
7						
8			■	9		
	■	10	11		■	
	12					
13	■	14			■	15
16	17		■	18	19	
20						
21			■	22		

CRUCIGRAMA 44

HORIZONTALES

1. Séptimo mes.
6. Consonante repetida tres veces.
8. Asociación de Estudiantes de Inglés.
10. Punto cardinal donde esta San José de Ocoa.
12. Pedir a alguien que nos acompañe a un lugar.
13. Carrera de resistencia.
16. American Bible Society.
17. Universidad Nacional Cristiana.
18. Arte, en inglés.
20. ... de Chavón, lugar en la Rep. Dom.

VERTICALES

2. Común a todos en su especie.
3. Latino News.
4. Centro de enseñanza.
5. Cartero, en inglés.
7. Saca de raíz.
9. Ejército Nacional.
11. Universidad Argentina.
14. Asociación Bíblica.
15. En (encima), en inglés.
19. Road Test, examen práctico para la licencia de manejar.

CRUCIGRAMA 44

	1	2	3	4		
5	■	6			■	7
8	9		■	10	11	
12						
	■		■		■	
13	14				15	
16			■	17		
	■	18	19		■	
	20					

CRUCIGRAMA 45

HORIZONTALES

1. Aquella.
3. Parte para sostener la taza.
6. Regalé.
8. District of Columbia.
9. Agencia Nacional de Petróleo.
11. Parte exterior dura.
14. American Institute of Physics.
15. Nombre de un tío famoso americano.
16. Hará que algo pase al estómago.
18. Punto cardinal.
19. Percibí por los ojos.
21. Pennsylvania.
22. Mamífero carnívoro.
23. … de semana, sábado y domingo.

VERTICALES

1. Que educa o sirve para educar.
2. Se usa para afirmar.
4. Santo Domingo.
5. Darán voces en honor de alguien.
7. Hormiga, en inglés.
9. Instrumentos con cuerdas colocadas verticalmente.
10. Determinar el peso de algo.
12. Percibir los sonidos.
13. Título que se daba al emperador de Rusia.
17. Chicle o goma de mascar, en inglés.
20. Es, está, en inglés.
21. Mide 3.14.

CRUCIGRAMA 45

1	2			3	4	5
6		■	7	■	8	
	■	9		10	■	
11	12				13	
14			■	15		
16			17			
	■	18			■	
19	20	■		■	21	
22				23		

CRUCIGRAMA 46

HORIZONTALES

1. Unir en matrimonio.
6. North American School.
8. On Line.
10. Technical Institute.
11. Son de América Latina.
14. Compañía de Transporte Ocoeña.
15. Arte, en inglés.
16. Que habla español.
18. Un, una, en inglés.
19. O, en inglés.
20. Período histórico.
22. Metal blanco brillante.

VERTICALES

2. Un, una, en inglés.
3. Pasé de dentro a fuera.
4. Carta de la baraja número uno.
5. Sirven para adornar la cama y para cubrirnos.
7. Historia, en inglés.
9. Latino, en inglés.
10. Máquina para hacer piezas redondeadas de madera.
12. Enfermedad del aparato respiratorio.
13. National Apartment Association.
17. Fruta de color verde.
20. Pronombre personal masculino.
21. En, en inglés.

CRUCIGRAMA 46

	1	2	3	4		
5	■	6			■	7
8	9	■		■	10	
11		12		13		
14			■	15		
16			17			
18		■		■	19	
	■	20		21	■	
	22					

CRUCIGRAMA 47

HORIZONTALES

2. Iglesia Nacional Cristiana.
5. Percibir los sonidos.
7. Donó.
9. Se usa para negar.
11. Consonante repetida.
12. Hace oración a Dios.
14. Décimo mes del año.
15. Instituto Teológico Cristiano.
16. North America.
18. Instituto Técnico.
19. Mamífero carnívoro.
21. De esta manera.
22. Nuevo, en inglés.

VERTICALES

1. Líneas que limitan una figura.
2. Moverse de un lugar a otro apartado.
3. Casa Dominicana.
4. Mimar a los hijos y permitir que hagan algo.
6. Satélite volcánico de Júpiter.
8. En (dentro), en inglés.
10. Necio, incapaz, torpe.
12. Organización de Televisión Iberoamericana.
13. Asociación Bíblica Cristiana.
17. Carta de la baraja número 1.
18. Es, está, en inglés.
20. En, (encima), en inglés.
21. American Whitewater.

CRUCIGRAMA 47

1		2		3		4
5	6			7	8	
9			10		11	
		12		13		
14						
		15				
16	17				18	
19		20		21		
		22				

CRUCIGRAMA 48

HORIZONTALES

1. United States of America.
3. Benjamin Franklin Arias.
6. New York.
8. Ante Meridiano.
9. Cocina directamente en el fuego.
11. Correr un rumor.
14. Se usa para negar.
15. Nombre de la "T", en inglés.
16. Hará algo con rapidez.
19. Career Information System.
20. Tercera nota musical.
22. Los Ángeles.
23. Hormiga, en inglés.
24. Mayor cantidad.

VERTICALES

1. Juntar dos o más cosas.
2. Abreviatura de Syria.
4. Fuerzas Armadas.
5. Mostrar amor.
7. Cocino directamente al fuego.
9. Antigua y Mística Orden Rosa Cruz.
10. Bellas…, pinturas, esculturas, etc.
12. El primer número.
13. Aire, en inglés.
16. La usamos para descansar y dormir.
17. Corriente de agua continua.
18. Algunos animales las usan para volar.
21. En (dentro), en inglés.
22. Sexta nota de la escala musical.

CRUCIGRAMA 48

1	2			3	4	5
6		■	7	■	8	
	■	9		10	■	
11	12				13	
	14		■	15		
16			17			18
	■	19			■	
20	21	■		■	22	
23				24		

CRUCIGRAMA 49

HORIZONTALES

1. Apellido del Presidente número 45 de Estados Unidos.
6. Agencia Nacional de Infraestructura.
8. Universidad de Manitoba.
10. Ante Meridiano.
11. Regresará.
14. Deja de vivir.
15. Texto de un programa de radio o televisión.
17. Electronic Arts.
18. Estados Unidos.
19. Nuestro ... Diario, Publicación Cristiana.
21. Elevación de la temperatura.

VERTICALES

2. Dios solar de Egipto.
3. Que se extiende a todo el mundo.
4. Tercera nota de la escala musical.
5. Tres letras consecutivas del alfabeto.
7. Muestra amor a alguien.
9. Cadáver de persona o animal embalsamado.
10. Anillo de metal en cada oreja.
12. Abreviatura de lubricante.
13. Nombre suave de una letra.
15. Librería Educativa Arias.
16. Nuestro, en inglés.
19. Pennsylvania.
20. Se usa para negar.

CRUCIGRAMA 49

	1	2	3	4		
5	■	6			■	7
8	9	■		■	10	
11		12		13		
■	14					■
15						16
17		■		■	18	
	■	19		20	■	
	21					

CRUCIGRAMA 50

HORIZONTALES

1. Tiene buena educación.
6. Un, una, en inglés. Se usa delante de sonido vocal.
7. A, para, en inglés.
8. Moverse hacia un lugar apartado.
10. Massachusetts.
12. Circulo de Arte y Literatura.
14. Librería Educativa Arias.
15. Me moveré hacia un lugar apartado.
16. Repetición de un sonido.
18. Salvation Army.
20. Nombre de una letra.
21. Servicio Secreto.
23. Fuerzas Armadas.
24. La ... de Dios, la Biblia.

VERTICALES

2. Regalar.
3. United Nations.
4. En, en inglés.
5. Dominicano.
8. Porciones de tierra rodeadas de agua.
9. North América.
11. Adorno de las mujeres y de algunos hombres en cada oreja.
12. Se va al suelo por un desmayo o accidente.
13. Ropa u otras cosas atadas.
17. Colegio Universitario.
19. Parte para sostener una taza.
20. Dos cosas iguales.
22. Sabana Larga, municipio de Ocoa.
23. Facebook.

CRUCIGRAMA 50

1	2	3		4	5	
	6		■	7		
8		■	9	■	10	11
	■	12		13	■	
14			■	15		
	■	16	17		■	
18	19	■		■	20	
	21	22	■	23		
24						

PARTE 2

CRUCIGRAMAS 7X11

CRUCIGRAMA 51

HORIZONTALES

1. Octavo mes del año.
6. Aquella.
7. Escuchar.
8. Personaje Bíblico. Caín lo mató.
11. Casa disquera en los Estados Unidos.
13. Auxilio que se da a los necesitados.
16. Total Living Network.
17. Cocino directo al fuego.
18. Atan con cuerdas.
20. Destapé.
22. Cara de una tela.
24. Pasa la vista por lo escrito.
26. Hace surcos en la tierra.
27. No soltera.

VERTICALES

1. Cocina directo al fuego.
2. Que se pueden gobernar.
3. Apoyo a la causa de otros.
4. Texas Instruments.
5. Metal amarillo brillante.
9. Enfermedad Pélvica Inflamatoria.
10. Certificación de nacimiento, matrimonio, etc.
12. Edificio para habitar.
14. Parte inmortal de los seres humanos.
15. Regala.
19. Rock River Arms, fábrica de piezas para rifles.
21. American Language Center.
23. Suplica a Dios.
25. Electronic Arts.

CRUCIGRAMA 51

	1	2		3	4	5
6			■	7		
■	8		9		■	
10	■	11			12	■
13	14					15
16			■	17		
18			19			
■	20				■	
21	■	22			23	■
24	25		■	26		
27						

CRUCIGRAMA 52

HORIZONTALES
1. Latino, en inglés.
6. Corrió, en inglés.
8. Décimo mes del año.
11. Se dirige hacia allá.
12. Pronombre personal masculino.
13. Abreviatura de Dominicana.
15. Repetición de un sonido.
16. Huevo, en inglés.
17. Special Air Service.
19. Benjamín Franklin.
21. Se usa para negar.
22. Mamíferos roedores de color gris.
25. Siento amor por alguien.
26. Representación gráfica de una construcción.

VERTICALES
2. Arte, en inglés.
3. Segundo signo zodiacal.
4. Iglesia Nacional Bíblica.
5. Mes 11 del año.
7. Riesgoso.
9. California.
10. Segunda nota musical.
13. Uno más uno.
14. Tiene 28, 30 o 31 días.
18. Olor muy agradable.
20. Cuarta nota musical.
21. New England.
23. Igual, semejante o de la misma forma.
24. No, en latín.

CRUCIGRAMA 52

	1	2	3	4		
5		6				7
8	9				10	
11					12	
		13		14		
15				16		
		17	18			
19	20				21	
22		23		24		
		25				
	26					

CRUCIGRAMA 53

HORIZONTALES

1. Estados Unidos de...
4. Partido Nacional Liberal.
6. Muestran resistencia a hacer algo.
9. Mujeres empleadas para el servicio doméstico.
10. Master of Science.
11. Traducción al español de "is".
12. Moneda de poco valor que corría en España.
15. Heladería dominicana muy famosa.
16. Organization of American States.
17. Leona, en inglés.

VERTICALES

1. Antigua y Mística Orden Rosae Crucis.
2. Hace ruido al respirar cuando duerme.
3. Acumular, en inglés.
4. Persona del mismo país que otra.
5. Personas que dirigen y son seguidas por muchos.
7. Municipio localizado en el norte de España.
8. Sitio con manantiales aislado en los desiertos.
12. Costa Mesa American Little League.
13. Entrenar, en inglés.
14. Te trasladas por el agua con los movimientos de tus brazos y piernas.

CRUCIGRAMA 53

1			2			3
		4		5		
6	7				8	
9						
	10			11		
12			13			14
15						
		16				
17						

CRUCIGRAMA 54

HORIZONTALES

1. Alcohólicos Anónimos.
3. Los Ángeles.
5. Pase la vista por lo escrito.
7. Se celebra el 14 de febrero.
10. Corriente de agua continua.
11. Sujeté con nudos.
12. Emergency Room.
14. Consonante repetida dos veces.
15. "… a Dios", canción Cristiana.
16. Señor, en inglés.
17. Pennsylvania.
19. De esta manera.
21. Dos cosas iguales.
22. Mes en que se celebra San Valentín.
24. Indica que algo terminó.
25. Un, una, en inglés.
26. Cuarta nota musical.

VERTICALES

1. Sentiré amor por alguien.
2. Si, en inglés.
4. Quemar.
5. Problema, de manera coloquial.
6. Amarra.
8. Usa un espejo para hacer eso.
9. Agarrar a alguien que huye.
13. Indica mayor cantidad.
16. Organización clandestina de criminales.
18. Olor muy agradable.
20. Instituto Benjamín Franklin.
21. Lapicero, en inglés.
23. Celebra algo con risas.

CRUCIGRAMA 54

1		■	2	■	3	4
	■	5		6	■	
7	8				9	
10			■	11		
12		■	13	■	14	
	15					
16		■		■	17	18
19		20	■	21		
22			23			
	■	24			■	
25		■		■	26	

CRUCIGRAMA 55

HORIZONTALES

1. Columbia International University.
4. Me fuí de prisa.
6. La...de Dios.
8. Habla con Dios.
9. English as a Second Language.
10. Police Department.
12. Extra Terrestre, película.
13. Benjamín Franklin Arias.
14. Sexta nota de la escala musical.
16. Arias Rojas, apellidos de mi padre.
17. Simio, en inglés.
19. Sujeta con nudos.
20. Vuelves a nacer.
22. Arteria grande.
23. Centro Tecnológico Ocoeño.

VERTICALES

1. Sustancia que se usa para pegar.
2. Pasión que causa enojo.
3. Ciudad muy populosa.
4. Tarjeta, en inglés.
5. Moverse hacia otro lugar.
6. Muy conocido por el público.
7. Distancias verticales respecto a la tierra.
11. Nombre de una letra.
15. Baja de su sitio alguna cosa.
16. Persona que niega la existencia de Dios.
18. Personaje Bíblico que nunca murió.
19. Celebración pública solemne.
21. Arte, en inglés.

CRUCIGRAMA 55

1 2 3 4 5 6 7 8 9 10 11 12 13 14 15 16 17 18 19 20 21 22 23

CRUCIGRAMA 56

HORIZONTALES

1. En este lugar.
4. Atado.
6. Inicia la ejecución de algo.
8. Centro Internacional.
9. Abreviatura de Oregón.
10. Fruta morada, blanca o verde de la que se hacen vinos.
12. Metal amarillo de mucho valor.
13. Pluralidad de personas, escrito hacia la izquierda.
14. Causa indignación y enojo.
15. Vocal repetida tres veces.
17. Roberto Santana, Ocoeño muy reconocido.
19. Rhythm & Blues, género musical.
20. Piezas para cubrirnos en la cama.
23. Fruta de pulpa amarillenta y sabor acido.
24. Servicio de Administración Tributaria.

VERTICALES

1. Hormiga, en inglés.
2. Nota máxima en un examen.
3. Acido que contiene toda la información genética.
4. Se extiende a todo el mundo.
5. Donarán.
6. Intensive Care Unit.
7. Pieza en forma circular.
11. Amarra.
12. Organización de Estados Americanos.
14. Internal Revenue Service.
16. American Bible Society.
18. La usamos para descansar y dormir.
21. En himnos o canciones significa “dos veces”.
22. Se usa para negar en inglés.

CRUCIGRAMA 56

CRUCIGRAMA 57

HORIZONTALES

1. Congregación o Templo Cristiano.
7. Alisar o perfeccionar algo.
9. Diez, en inglés.
11. Persona que supervisa estudiantes durante un examen, en inglés.
14. American Airlines.
15. Denota negación seguida de otra.
16. Habla con Dios.
17. Air Conditioner.
19. Unidad Dominicana.
20. Renova o continua algo.
23. Zurich International School.
24. Ganancia.
26. Segundo nombre de Jenny Rivera.

VERTICALES

2. General Practitioner.
3. Ropa negra que se usa por la muerte de alguien.
4. Tipo de correo que se usa por medio del internet.
5. Science Institute of the Northwest Territories.
6. Dirigirse a un lugar apartado.
8. Extinguir el fuego o la luz.
10. Conjunto de tres cosas vinculadas entre sí, en plural.
12. Dios Sol de los egipcios.
13. En (encima), en inglés.
18. Nombre de la tercera letra.
19. University of Delaware.
21. Uno de los colores de la Bandera Dominicana.
22. University Senate Rules and Regulations.
24. Abreviatura del apellido de la cantante y actriz Jennifer.
25. Ocoeños Empresariales.

CRUCIGRAMA 57

1 2 3 4 5 6 7 8 9 10 11 12 13 14 15 16 17 18 19 20 21 22 23 24 25 26

CRUCIGRAMA 58

HORIZONTALES

1. La celebramos el 25 de diciembre.
7. Se usan para escribir en una pizarra.
9. North American Translators.
11. Aromático.
14. Mayra Arias, mi esposa.
15. Arias Lara, mis apellidos.
16. Etcétera.
17. Forma en que contestamos el teléfono.
18. Rhode Island.
20. Moverse hacia otro lugar.
21. Tomaré notas.
24. Legal Aid Society. (Sociedad de Ayuda Legal).
25. Tostar ligeramente la carne.
27. Agarrar a un malhechor.

VERTICALES

2. Antiguo Testamento.
3. Licor de las uvas.
4. Subirá la bandera.
5. Información o documento.
6. Carta de la baraja con el número uno.
8. Tomarán la comida principal.
10. Nuestra bandera Dominicana tiene tres…
12. Latino, en inglés.
13. Pasar de adentro hacia afuera.
19. Sujetará con nudos.
22. Fragancia muy agradable.
23. As Soon As Possible. (Lo Más Pronto Posible).
25. Direct Travel. (Viaje Directo).
26. Rafael Arias, nombre de mi padre y hermano mayor.

CRUCIGRAMA 58

1	2	3	4	5	6	
	7					
8	■	9			■	10
11	12				13	
14		■		■	15	
16			■	17		
18		■	19	■	20	
21		22		23		
	■	24			■	
	25				26	
27						

CRUCIGRAMA 59

HORIZONTALES

1. Persona que ha hecho alguna obra literaria.
6. … José de Ocoa, Provincia al Sur de la R.D.
8. Persona que sobresale de manera notable.
10. Pennsylvania.
11. Lugares para vacacionar con todo incluido.
14. Hará algo con el estilo de otro.
15. Expulsaré liquido por la uretra.
19. Le pondrán mucha sal.
20. Un, una, en inglés.
21. Ahora mismo.
22. Donar a cambio de nada.
24. Escucharán.

VERTICALES

2. United States.
3. Barajas que se usan para adivinar el futuro.
4. En, encima, en inglés.
5. Hombres afeminados.
7. Grupo musical del Reino Unido.
9. Search Engine Marketing (Mercadotecnia en internet).
10. Punto de Terminación de Red.
12. Semejanza entre dos cosas.
13. Se usa para determinar la localización de un avión o embarcación.
16. Corrió, en inglés.
17. Trasladarse en el agua sin tocar el suelo.
18. Rayo, en inglés.
22. Regalé.
23. Para los egipcios, símbolo de la luz solar, dador de la vida.

CRUCIGRAMA 59

	1	2	3	4		
5	■	6			■	7
8	9	■		■	10	
11		12		13		
14						
	■		■		■	
15	16		17		18	
19						
20		■		■	21	
	■	22		23	■	
	24					

CRUCIGRAMA 60

HORIZONTALES

1. Persona con conocimientos de Teología.
6. Independent Evaluation Group.
7. Antigua y Mística Orden Rosa-Cruz.
9. Yoko ..., esposa de John Lennon.
11. Símbolo que indica positivo en una cantidad.
13. Señal de socorro en el Código Morse.
15. Air Conditioner.
16. Radford University.
17. Rata, en inglés.
19. Carro, en inglés.
20. Orthodox Church in America.
22. Tendrá amor a alguien o algo.
24. Aire, en inglés.
26. Tiene muchas carnes.

VERTICALES

1. Bebida caliente de hojas o raíces.
2. Escuchamos.
3. Mamífero carnívoro, rey de la selva.
4. Hombres insociables y de mal carácter.
5. En, encima, en inglés.
8. Tendré amor a alguien o algo.
10. Interés excesivo en un préstamo.
12. En este lugar.
14. Habla con Dios.
18. Beber.
19. Vehículo.
21. Primogénito de Adam y Eva.
23. Receso Comunitario, programa radial del autor.
25. Alfa y Omega.

CRUCIGRAMA 60

1		2	3	4		5
		6				
	7					
8		9				10
11	12			13	14	
15					16	
17		18		19		
		20	21			
	22					
23		24				25
26						

PARTE 3

CRUCIGRAMAS 9X11

CRUCIGRAMA 61

HORIZONTALES

1. **Serie 13, la Revista de los... fue publicada por los hermanos Arias Lara en Ocoa.**
6. **... Quinn, Sacerdote Canadiense que ayudó al desarrollo de San José de Ocoa.**
7. **Noticias Ocoeñas.**
8. **País en América del Sur donde está Machu Pichu.**
9. **Carta de la baraja que lleva el número uno.**
11. **American Airlines.**
12. **Manifestaré con palabras.**
14. **Aire, en inglés.**
15. **Moverse de un lugar hacia otro.**
16. **Un, una, en inglés.**
18. **Ser Supremo, Creador del Universo.**
20. **Dona.**
21. **Letras última y primera del alfabeto.**
22. **Existe.**
23. **North America.**
25. **Emergency Room.**
26. **Dios egipcio del sol y del origen de la vida.**
27. **Regala.**
30. **Espacio de tierra.**
31. **Cambias la esencia o forma de algo.**

VERTICALES

1. **Nuestro, en inglés.**
2. **Natural de una ciudad o país.**
3. **Operating System.**
4. **En (encima), en inglés.**
5. **Ayudará en un peligro.**
6. **Librería Educativa Arias.**
8. **Lugar donde se hace y se vende el pan.**
9. **Lo comemos los dominicanos con habichuelas.**
10. **Tengo el conocimiento de algo.**
13. **Vocal repetida tres veces.**
17. **National Aeronautics and Space Administration.**
19. **Sociedad Anónima.**
24. **Amarrar.**
25. **Pegamento blanco para papel.**
28. **Habla con Dios.**
29. **Carne de vaca.**

CRUCIGRAMA 61

CRUCIGRAMA 62

HORIZONTALES

1. Hogar.
4. Flor del rosal.
7. Mamífero carnívoro.
8. Mamífero cuya hembra es la vaca.
9. Dios egipcio del sol y del origen de la vida.
10. Ofrece, entrega.
11. Mono, en inglés.
13. En pequeña cantidad.
15. El primero en su clase.
16. Pronombre demostrativo.
18. Metal precioso.
20. Anillo.
22. Nombre de letra.
25. Orificio del recto.
27. Onda de las aguas.
29. O, en inglés.
31. Juntar.
33. Sonría.
35. Christian Rosenkreuz.
36. En, en inglés.
37. Punto cardinal.
39. Parte saliente de una vasija.
40. Juntó.
41. Sentimiento de afecto.

VERTICALES

1. Tribunal de justicia.
2. Cocina directo al fuego.
3. Así, en inglés.
4. Se usa para arrullar a los niños.
5. Habla con Dios.
6. Plato de caldo con fideos.
8. Comida mejicana.
10. Nota musical.
12. Pronombre demostrativo.
13. Se detiene.
14. Hablé con Dios.
17. Sociedad Anónima.
19. Aroma.
21. Organización de las Naciones Unidas.
23. Pronombre personal masculino.
24. Preposición.
26. Undécimo.
28. Piedra para ofrecer el sacrificio.
30. Carcajean.
32. Apartarse hacia otro lugar.
34. De esta manera.
36. Tuesto.
38. Para, en inglés.
39. Ante Meridiano.

CRUCIGRAMA 62

1	2	3			4	5	6	
7			■	8				■
9		■	10		■	11		12
	■	13			14	■	15	
16	17		■	18		19	■	
	20		21	■	22		23	
24	■	25		26	■	27		28
29	30	■	31		32		■	
33		34	■	35		■	36	
■	37		38		■	39		
40					41			

CRUCIGRAMA 63

HORIZONTALES

1. Hace surcos en la tierra.
4. Pieza principal del ajedrez.
7. Palos de las banderas.
10. Baraja con el número uno.
12. Arte, en inglés.
13. Símbolo del molibdeno.
14. Casas suntuosas.
17. Parte que usan las aves para volar.
18. Tuesto.
19. Entrega.
20. Asociación Dominicana.
21. Equipo de Protección Individual.
24. Chiflada.
27. Dan la preferencia.
30. Rio de Galicia.
31. Parte dura en la extremidad de los dedos.
32. Long Island.
33. Delgado.
35. Habla con Dios.
36. Mamífero carnívoro.

VERTICALES

2. Dios egipcio del sol.
3. Partes salientes de una taza.
4. Espacio corto de tiempo.
5. Estudios Sociales.
6. Reputación de una persona.
8. Conjunto de tres voces.
9. Sedimento de un líquido.
11. Sustancia cristalina.
13. Cada una de las doce divisiones del año solar.
15. Ninguna persona.
16. Punto de la esfera opuesta al cenit.
21. Apellido de Pedagogo francés (1712-1789), creador de un sistema para la educación de los sordomudos.
22. Profesional.
23. Pupila del ojo.
25. Contracción.
26. Planta umbelífera, aromática.
28. Persona en la que no se puede confiar.
29. Hijo de Zeus, en la mitología griega.
33. Símbolo del francio.
34. Operating System.

CRUCIGRAMA 63

■	1	2	3		4	5		■
6	■	7		8			■	9
10	11	■	12			■	13	
14		15				16		
17			■		■	18		
	■	19		■	20		■	
21	22		■	23	■	24	25	26
27			28		29			
30		■	31			■	32	
	■	33				34	■	
■	35				36			■

CRUCIGRAMA 64

HORIZONTALES

1. Ser, estar, en inglés.
2. Empleo habitual de algo.
5. Antigua ciudad de Abraham.
7. Propio de la epopeya.
9. Hembra del gato.
11. De hueso.
13. Señal para pedir socorro.
15. Adjetivo posesivo de la primera persona en plural.
17. Isla volcánica en Filipinas.
19. H2O, líquido transparente.
20. Aroma.
21. Hogar.
23. Tuesto.
24. Tiempo que tarda la Tierra en dar una vuelta sobre sí misma.
26. Uní con aguja e hilo.
28. Cantidad de materia que contiene un cuerpo.
31. Tomas la cena.
33. Adverbio de negación.
34. Emperador de Rusia.
35. Igual a 3.14.

VERTICALES

1. Insecto, en inglés.
2. Levantas.
3. Nota musical.
4. Municipio de Guatemala.
6. Corriente de agua.
7. Y, en francés.
8. Símbolo del osmio.
10. Muy amigo.
12. Maridos.
14. O, en inglés.
15. Apocope de malo.
16. Punto cardinal.
17. Parte del ave.
18. Metal precioso.
22. Regalé.
24. Cantidad de los principales Mandamientos de Dios.
25. Tener amor a alguien o algo.
26. Poder, en inglés.
27. San Cristóbal.
29. Tan, como, en inglés.
30. En ese lugar.
32. North America. (América del Norte).

CRUCIGRAMA 64

1			2	3	4		5	6
	■	7				8	■	
9	10			■	11		12	
		■	13	14		■		
15		16	■		■	17		18
19				■	20			
21			■	22	■	23		
		■	24		25	■		
26		27		■	28	29		30
	■	31		32			■	
33			34				35	

CRUCIGRAMA 65

HORIZONTALES

1. Letra de imprenta.
4. Tejido fino de algodón.
7. Rio de Francia.
9. Anormal.
11. El primero de todos los números.
12. Onda de las aguas.
14. Sociedad Anónima.
15. Anillo.
17. Teología Cristiana.
18. Respuesta afirmativa.
19. Dios egipcio del sol.
20. Existe.
22. Personaje de la Biblia que construyó el arca.
24. Colorado, U.S.A.
25. Entregan.
27. Preposición inseparable que indica negación.
28. Novedad, información.
32. Embarcación ligera movida a remo.
34. Venden a crédito.
35. Palo de la bandera.

VERTICALES

1. Regla de dibujo.
2. Árbol cuya madera es muy usada en carpintería.
3. Mamífero de espeso pelaje.
4. Habla con Dios.
5. Cabello.
6. Artículo neutro.
8. Príncipe árabe.
9. Nombre de mujer.
10. Río de Rumania.
11. Tu.
13. Divisiones de la obra dramática.
15. Rio de Francia.
16. Hablé con Dios.
21. Apócope de Santo.
23. Dios de la mitología escandinava.
24. Central Intelligence Agency.
26. Crustáceo marino.
27. Hay siete en cada semana.
29. Broncearse, en inglés.
30. Palo que servía a los indios para la labrar la tierra.
31. Benjamín Franklin.
33. Fuerzas Armadas.

CRUCIGRAMA 65

1		2	3		4	5		6
	■	7		8			■	
■	9						10	■
11			■		■	12		13
14		■	15		16	■	17	
	■	18		■	19		■	
20	21	■	22	23		■	24	
25		26	■		■	27		
■	28		29		30			■
31	■	32					■	33
34					35			

CRUCIGRAMA 66

HORIZONTALES

1. Porción de Ganado mayor o menor.
4. Pasa de dentro afuera.
7. Literatura Española.
9. Usted.
11. Fusíl.
15. Satélite de Júpiter.
17. Carcome.
18. Pennsylvania.
19. Fina, pareja.
21. Rio de Bélgica.
23. Poema lírico.
24. Nombre de letra.
25. Tiene tos.
27. Ciudad del Sureste de Arabia, capital de Yemen.
28. Moneda de cobre de los romanos.
29. Período de tiempo indefinido de larga duración.
31. Asociación Gnóstica.
32. Unir una colectividad con otra.
34. Motor Vehicle.
35. Educación Artística.
37. Ciudad de Alemania.
38. Calzado que cubre el pie y la pierna.

VERTICALES

2. Arias Lara, familia de San José de Ocoa, Rep. Dom.
3. Rio de España.
5. Amarré.
6. Liberty University.
8. OVNI, en inglés.
10. Guiar un avión o un barco.
12. Cólera, enojo.
13. Regla obligatoria o necesaria.
14. Hombre de mar.
16. Partes de la audición.
18. Riña, combate.
20. Compositor peruano.
22. Deseo o necesidad de agua.
26. Anguila, en inglés.
27. American Nurses Association.
30. Escuchar.
32. Animal cubierto de plumas.
33. Acusado, culpable.
34. Nota musical.
36. En, en inglés.

CRUCIGRAMA 66

1	2	3		■	4	5	6	
	7		■	8	■	9		
10	■	11	12		13		■	14
15	16	■	17			■	18	
19		20		■	21	22		
23			■		■	24		
25			26	■	27			
28		■	29	30		■	31	
	■	32				33	■	
	34		■		■	35	36	
37				■	38			

CRUCIGRAMA 67

HORIZONTALES

1. Título de dignidad.
4. Asociación de Literatura Española.
8. Semejante.
10. Hice que lo que estaba cerrado deje de estarlo.
12. Mono.
14. Carne de vaca.
15. City Island.
16. Indica el camino.
18. Persona que prepara el camino a otros.
21. Rio Ocoa.
22. Artículo neutro.
23. Anillos.
26. Nombre del primer hombre, según la Biblia.
27. Ante Meridiano.
28. De esta manera.
29. Insecto parecido a la pulga.
32. Palos que servían a los indios para labrar la tierra.
34. Agua gaseosa que contiene ácido carbónico.
35. A un mismo nivel.
36. Hermana, religiosa.

VERTICALES

1. Entregas.
2. Profesión.
3. Demasiado, excesivo.
5. Nota musical.
6. Borracho.
7. Adjetivo posesivo de la primera persona en plural.
9. Símbolo del níquel.
11. Acusada, culpada.
13. Vincent ..., patriota mulato dominicano (1750-1791).
17. Rio de Rusia.
18. Preposición inseparable que denota prioridad.
19. Ciudad de Japón.
20. Número de febrero.
22. Que tiene el lomo grande.
23. Señalar día.
24. Cabaña, en inglés.
25. Áreas permanentes de aguas dulces.
26. Tuesto.
28. Aquí.
30. Es, en inglés.
31. Río de Suiza.
33. Sociedad Anónima.

CRUCIGRAMA 67

1	2	3		4	5	6		7
8			9		10		11	
12				13		14		
	15			16	17			
18			19					20
21							22	
		23		24		25		
	26					27		
28				29	30			31
32			33		34			
		35				36		

CRUCIGRAMA 68

HORIZONTALES

1. California.
2. Adorno en forma de huevo.
5. Nota musical.
7. Tostado.
9. Sal, en inglés.
11. Porción de tierra rodeada de agua.
13. Ante Meridiano.
14. Aquello.
16. Bien, en inglés.
17. Eché anís.
19. Sentarse, en inglés.
20. Arte, en inglés.
22. Parte interior de la mano.
25. United Nations.
27. Pierde el equilibrio.
28. Puerto Rico.
29. Reduje hasta hacerlo polvo.
31. Puro y bien definido.
33. Punto cardinal.
35. Sociedad Anónima.
36. Personaje Bíblico que construyó el arca.
37. Pennsylvania.

VERTICALES

1. Unir en matrimonio.
2. Jactancia, orgullo.
3. Acude.
4. De un modo odioso.
6. Ciudad y puerto del Japón.
7. Arias Lara, apellidos del autor.
8. Símbolo del osmio.
10. Ante Meridiano.
12. Artículo neutro.
15. Adverbio de afirmación.
17. American Institute of Physics.
18. Período histórico.
21. Aspiras y despides humo de tabaco.
23. Latino América.
24. Banda, batallón.
26. Adverbio de negación.
28. Part Time.
30. Lotería Nacional.
32. Segunda vocal dos veces.
34. Voz que, repetida, sirve para arrullar al niño.

CRUCIGRAMA 68

1			2	3	4		5	6
	■	7				8	■	
9	10			■	11		12	
13		■	14	15		■	16	
	■	17				18	■	
	19			■	20			
21	■	22		23			■	24
25	26	■	27			■	28	
29		30		■	31	32		
	■	33		34			■	
35			36				37	

CRUCIGRAMA 69

HORIZONTALES

1. Agradable, grato.
5. Cuerpo metálico de hermoso pulimento.
7. América Latina.
8. Hembra del ratón.
11. Amor, en inglés.
13. Hábil para hacer algo.
14. Partículas de las rocas cristalinas.
15. Total Enterprise Value.
16. Habita.
17. Vasija grande de barro.
18. Education For Democracy.
19. Exhibir lo que se ha puesto.
20. Tienen 24 horas.
22. Apellido de Juan, pelotero dominicano.
23. Pieza de hierro para atar caballos de ella.
25. Un, una, en inglés.
26. No tan comunes.
28. Sostenerse y adelantar sobre el agua.

VERTICALES

1. Arias Rojas, apellidos del padre del autor.
2. Mujer de color obscuro.
3. Elementos Matemáticos.
4. Sinónimo de apunte.
5. Pigmento verde de los vegetales.
6. Antenas pequeñas.
7. Sitio poblado de álamos.
9. Comerciante en instrumentos de óptica.
10. Pusieron huevos.
12. Por eso murió Cristo Jesús.
17. Trasquilará.
21. Personaje Bíblico, esposa de Abraham, madre de Isaac.
24. Malo, en inglés.
27. Oregón.

CRUCIGRAMA 69

CRUCIGRAMA 70

HORIZONTALES

1. Tela con marcas y colores que representa a una nación.
6. Situación de quienes no están en guerra.
7. Pieza de metal en forma circular.
9. En (encima), en inglés.
10. Número que corresponde el mes de enero.
12. Un, una, en inglés.
13. Obra de teatro.
15. Mamífero carnívoro.
17. Librería Educativa Arias.
19. United Nations.
20. Texas.
21. Ate o junte una cosa con otra.
22. Sujeta con nudos.
24. Se usa para determinar la localización o velocidad de un objeto.
28. Expresa afirmación al responder.
30. Lo contrario al bien.
31. Así, en inglés.
32. Abreviatura de Doctora.
34. Término o consumación de algo.
35. Perteneciente a la escuela.

VERTICALES

1. Prohibir, en inglés.
2. Letras primera y última.
3. Regala.
4. Dios Sol, el más importante para los egipcios.
5. Hace surcos en la tierra.
6. Uno de los puntos en el norte o sur de la tierra.
8. Se forma con el movimiento del agua.
10. Ciudad de los caldeos donde vivió Abraham.
11. Mantra más sagrado del Hinduismo y Budismo.
13. Regalar.
14. Mesa consagrada en el culto Cristiano.
16. Sol, en inglés.
18. Abreviatura de extensión.
21. Universidad Autónoma de Santo Domingo.
23. Apellido de Santiago, escritor y humanista español.
25. Ante Meridiano.
26. Pieza cúbica de hueso con puntos del uno al seis.
27. Arias Lara, apellidos del autor.
29. Caminaré de aquí para allá.
31. Señor, en inglés.
33. Baraja con el número uno.
34. Fuerzas Armadas.

CRUCIGRAMA 70

VOCABULARIO

VOCABULARIO COMPLETO DE LAS PALABRAS Y SIGLAS USADAS EN TODOS LOS CRUCIGRAMAS CON LAS DIFERENTES DEFINICIONES DADAS.

A

AA. Alcohólicos Anónimos. American Airlines. Primera vocal dos veces.

AAA. Vocal repetida tres veces. Vocal tres veces.

AAR. Rio de Suiza.

AARP. American Association of Retired Person.

AB. Asociación Bíblica.

ABC. Asociación Bíblica Cristiana.

ABEL. Personaje Bíblico. Caín lo mató.

ABOLISH. Abolir, en inglés.

ABRE. Destapa un recipiente.

ABRÍ. Destapé. Hice que lo que estaba cerrado deje de estarlo.

ABRIL. Cuarto mes del año.

ABS. American Bible Society.

ABUELOS. Padres de mis padres.

AC. Air Conditioner. Asociación Cristiana. Asociación de Comerciantes.

ACÁ. American Christian Association. Aquí, sinónimo. Aquí. En este lugar. Hacia este lugar. Indica el lugar en que esta el hablante.

ACAMPARÉ. Me detendré y permaneceré en un lugar al aire libre.

ACERTAR. Dar en el punto a que se dirige algo.

ACLAMARÁN. Darán voces en honor de alguien.

ACOSTAR. Poner a alguien horizontalmente para que descanse.

ACT. Actuar, en inglés.

ACTA. Certificación de nacimiento, matrimonio, etc.

ACTO. Celebración pública solemne.

ACTOS. Divisiones de la obra dramática.
ACTUARÁ. Representará un papel en una película.
ACTUARÉ. Interpretaré un papel en una película.
ACTUÓ. Participó en una película como actor.
ACU. Associated Credit Union.
ACUERDO. Convenio entre dos o más personas.
AD. Abreviatura de anuncio, en inglés. Asociación Dominicana.
ADA. American Dental Association.
ADÁN. Nombre del primer hombre, según la Biblia.
ADEN. Ciudad del Sureste de Arabia, capital de Yemen.
ADIAR. Señalar día.
ADIVINO. Persona que predice el futuro.
ADN. Acido que contiene toda la información genética.
AE. Primera y segunda vocal.
AEE. Association for Experiential Education.
AEI. Asociación de Estudiantes de Inglés. Tres vocales consecutivas.
AEIO. Cuatro vocales consecutivas.
AEREO. Por avión.
AFANARÁ. Trabajará fuertemente.
AFÍN. Semejante.
AG. Asociación Gnóstica.
AGAIN. Otra vez, en inglés.
AGARRAR. Sujetar fuertemente.
AGE. Edad, en inglés.
AGOSTO. Octavo mes del año.
AGRADAS. Gustas.
AGRADECER. Dar gracias o mostrar gratitud.
AGUA. H2O, líquido transparente.
AHA. American Heart Association.
AHÍ. En ese lugar.
AHORRA. Guarda dinero para necesidades futura.
AI. Arias International. Artificial Intelligence.
AIN. Río de Francia.
AIP. American Institute of Physics.
AIR. Aire, en inglés.
AIS. Career Information System.
AJ. Asociación de Jóvenes.

AL. Alabama. América Latina. Arias Lara, apellidos del autor. Arias Lara, familia de San José de Ocoa, Rep. Dom. Arias Lara, mis apellidos.
ALÁ. Nombre que los musulmanes le dan a Dios.
ALA. Órgano de algunos animales para volar. Parte del ave para volar. Parte que usan las aves para volar. Parte del ave.
ALABA. "... a Dios", canción Cristiana. Glorifica.
ALAMEDA. Sitio poblado de álamos.
ALAS. Algunos animales las usan para volar.
ALC. American Language Center.
ALDABA. Pieza de hierro para atar caballos de ella.
ALE. Asociación de Literatura Española.
ALEJA. Lleva a alguien o algo lejos.
ALELUYA. Del hebreo y significa alabad a Dios. Se dice mucho en las iglesias. Significa alabad a Dios.
ALIAR. Unir una colectividad con otra.
ALIENTO. Aire que se expulsa al respirar.
ALIMENTOS. Lo que comemos.
ALITA. Ala pequeña.
ALL. Todo, en inglés.
ALLÁ. En aquel lugar.
ALMA. Parte inmortal de los seres humanos.
ALÓ. Forma en que contestamos el teléfono. La forma en que contestamos el teléfono.
ALTA. De gran estatura.
ALTAR. Mesa consagrada en el culto cristiano. Piedra para ofrecer el sacrificio.
ALTERAN. Cambian la esencia o forma de algo
ALTERAS. Cambias la esencia o forma de algo.
ALTOS. ... de Chavón, lugar en la Rep. Dom.
ALTURAS. Distancias verticales respecto a la tierra.
ALZAR. Mover hacia arriba.
AM. Amplitud Modulada. Ante Meridiano.
AMA. Siente amor. American Medical Association. Asociación Médica Americana. Expresa amor. Muestra amor a alguien. Mujer que se ocupa del cuidado de su casa. Señora de la casa. Siente amor.

AMAN. Sienten amor por alguien o algo.
AMAR. Expresar amor. Mostrar amor. Sentir amor por alguien o algo. Tener amor a alguien o algo.
AMARÁ. Mostrará amor. Tendrá amor a alguien o algo.
AMARÁN. Sentirán amor por alguien o algo.
AMARÉ. Sentiré amor por alguien. Tendré amor a alguien o algo.
AMARRAN. Atan con cuerdas.
AMASS. Acumular, en inglés.
AMBOS. El uno y el otro, los dos.
AMÉ. Mostré amor.
AMÉN. Que así sea.
AMENO. Agradable, grato.
AMÉRICA. Estados Unidos de...
AMERICANO. Natural de América.
AMIGAZO. Muy amigo.
AMIGOS. El 14 de febrero es día de ellos.
AMISTAD. Afecto personal que nace y se fortalece con el tiempo. Se celebra el 14 de febrero.
AMO. Siento amor por alguien.
AMÓN. Apellido de Santiago, escritor y humanista español.
AMOR. De eso trata 1 Corintios 13. De eso trata 1 Corintios, Capítulo 13. Sentimiento de afecto.
AMORC. Antigua y Mística Orden Rosa Cruz. Antigua y Mística Orden Rosa-Cruz. Antigua y Mística Orden Rosae Crucis.
AN. Asociación Nacional. Un, una, en inglés. Se usa delante de sonido vocal.
ANA. American Nurses Association. Nombre de mujer.
ANDO. Voy de un lugar a otro dando pasos.
ANI. Agencia Nacional de Infraestructura.
ANÍS. Planta umbelífera, aromática.
ANISÉ. Eché anís.
ANO. Orificio del recto.
ANÓMALO. Anormal.
ANOTARÉ. Tomaré notas.
ANP. Agencia Nacional de Petróleo.
ANT. Hormiga, en inglés.
ANTENITAS. Antenas pequeñas.

ANTES. Indica prioridad en el tiempo.
ANULADA. Suspendida y previamente anunciada.
ANUNCIO. Se usa para ofrecer servicios y productos en un periódico o revista.
AO. Alfa y Omega. Asociación Ocoeña.
AORTA. Arteria grande. Una de las arterias grandes.
AOVARON. Pusieron huevos.
AP. Associated Press.
APAGAR. Extinguir el fuego o la luz.
APE. Mono, en inglés. Simio, en inglés.
APEA. Baja de su sitio alguna cosa.
APO. Isla volcánica en Filipinas.
APTITUD. Capacidad para operar una actividad.
APTO. Hábil para hacer algo.
AR. Argón, elemento químico. Arias Rojas, apellidos de mi padre. Arias Rojas, apellidos del padre del autor. Forma en que se pronuncia la R en inglés. Símbolo del argón. Símbolo químico del Argón.
ARA. Hace surcos en la tierra.
ARAR. Remover la tierra haciéndole surcos.
ARDER. Quemar.
ARE. You ... , eres, o estas, en inglés.
ÁREA. Espacio de tierra.
ARENA. Partículas de las rocas cristalinas.
ARETE. Anillo de metal en cada oreja. Adorno de las mujeres y de algunos hombres en cada oreja. Anillo de metal que se usa en las orejas.
ARIAS. Apellido de quien elaboró este crucigrama.
ARILLOS. Anillos.
ARMA. Instrumento para atacar o defenderse.
ARO. Anillo. Pieza de metal en forma circular. Pieza en forma circular.
AROMA. Olor muy agradable.
AROS. Anillos metálicos. Objetos en forma de circunferencia.
ARPAS. Instrumentos con cuerdas colocadas verticalmente.
ARRANCA. Saca de raíz.
ARROZ. Lo comemos los dominicanos con habichuelas.

ART. Arte, en inglés.
ARTE. Habilidad y virtud para hacer algo.
ARTERIA. Vaso que lleva la sangre del corazón a las demás partes del cuerpo.
ARTES. Bellas..., pinturas, esculturas, etc.
ARTISTA. Persona que ejercita alguna de las bellas artes.
ARU. African Rural University.
AS. Baraja con el número uno. Carta de la baraja con el número uno. Carta de la baraja número 1. Carta de la baraja número uno. Carta de la baraja que lleva el número uno. El primero en su clase. Moneda primitiva de los romanos. Naipe que lleva el número uno. Persona que sobresale de manera notable. Persona que sobresale en una profesión. Tan, como, en inglés.
ASA. American Standard Association. Cocina directamente en el fuego. Cocina directo al fuego. Parte para sostener la taza. Parte por la que se sostiene una taza. Parte que sobresale de la taza. Parte que sobresale de una vasija. Parte saliente de una vasija. Sirve para sostener una taza.
ASADO. Tostado.
ASAP. As Soon As Possible. (Lo Más Pronto Posible).
ASAR. Cocinar por la acción directa del fuego.
ASARÁ. Cocinará carne directamente al fuego.
ASAS. Partes salientes de una taza.
ASÍ. De esta manera o esa manera. De esta manera.
ASIMILO. Comprendo lo que aprendo.
ASIRÉ. Cogeré con la mano.
ASNA. Hembra del asno.
ASO. Cocino directamente al fuego. Cocino directo al fuego. Tuesto.
ASOCIADOS. Forman parte de una asociación o compañía.
ASTA. Palo de la bandera.
ASTAS. Palos de las banderas.
AT. Antiguo Testamento. Asociación Teológica. En, en inglés.
ATA. Amarra. Sujeta con nudos. Une con ligaduras o nudos. Une con nudos. Une mediante nudos. Une o sujeta con una cuerda.

ATACA. Actúa contra alguien o algo para destruirlo.
ATACARÁ. Se lanzará contra alguien para hacerle daño.
ATAR. Amarrar.
ATARÁ. Sujetará con ligaduras o nudos. Sujetará con nudos.
ATÉ. Amarré. Sujeté con nudos.
ATE. Verbo comer en pasado, en inglés.
ATEA. Persona que niega la existencia de Dios.
ATL. Assessment, Teaching, and Learning.
ATM. Automated Teller Machine.
ATRAERÁ. Hará que acuda alguien hacia ella. Lo que el imán hará al hierro. Lo que hará el imán frente al hierro.
ATRANCAR. Cerrar la puerta con una tranca.
ATRAPAR. Agarrar a alguien que huye. Agarrar a un malhechor.
ATRÁS. Hacia la parte que está a las espaldas de uno.
AÚN. Todavía.
AUTOR. Persona que ha hecho alguna obra literaria.
AVE. Animal cubierto de plumas.
AVES. Animales con dos alas.
AVIÓN. Medio de trasporte aéreo.
AW. American Whitewater.
AZ. Letras primera y última.
AZUL. Uno de los colores de la Bandera Dominicana.

B

BA. Bellas Artes. Benjamín Arias.
BAD. Malo, en inglés.
BAN. Prohibir, en inglés.
BANDERA. Tela con marcas y colores que representa a una nación.
BAR. Lugar donde despachan bebidas alcohólicas. Lugar en que se despachan bebidas.
BARROCO. Estilo de adornos en que predomina la línea curva.
BE. Ser, estar, en inglés.
BEBE. Niño recién nacido.
BEG. Rogar, en inglés.
BEN. Abreviatura de Benjamín.
BF. Benjamín Franklin, nombres del autor. Benjamín Franklin.

BFA. Benjamín Franklin Arias, autor de este crucigrama. Benjamín Franklin Arias. Bibles For America.
BIS. En himnos o canciones significa "dos veces". Indica que algo debe repetirse en una obra musical. Significa "dos veces".
BOLETÍN. Publicación de pocas hojas.
BONE. Hueso, en inglés.
BOTA. Calzado que cubre el pie y la pierna.
BRO. Abreviatura de "brother".
BRUTO. Necio, incapaz, torpe.
BT. Beatriz Teresa, mi hermana.
BUG. Insecto, en inglés.
BÚHO. Ave rapaz nocturna, que le gustaba a Anthony Ríos.

C

CA. California. Compañía por Acciones.
CAB. Taxi, en inglés.
CAE. Pierde el equilibrio. Se va al suelo por un desmayo o accidente.
CAÍN. Primogénito de Adán y Eva.
CAL. Circulo de Arte y Literatura. Oxido Cálcico. Sustancia alcalina de color blanco.
CALAMAR. Un tipo de marisco.
CALEB. Personaje Bíblico, líder hebreo.
CALLE. Vía entre edificios.
CALOR. Elevación de la temperatura.
CAMA. La usamos para descansar y dormir.
CAMINAR. Andar determinada distancia. Dirigirse a un lugar a pie.
CAMISAS. Prendas de vestir de los hombres.
CAMPANA. Instrumento de metal, en forma de copa invertida.
CAN. Poder, en inglés.
CANA. Cabello blanco. Pelo blanco.
CANCIÓN. Composición en verso que se canta.
CANOA. Embarcación ligera movida a remo.
CANTARNOS. Cantar mutuamente uno al otro.
CÁNTICO. Composición de alabanza a Dios.
CANTO. Produzco con la voz palabras melodiosas.
CAP. Gorra, en inglés.
CAR. Carro, en inglés.

CARA. Elevada de precio.
CARD. Tarjeta, en inglés.
CARIDAD. Auxilio que se da a los necesitados.
CARNOSO. Tiene muchas carnes.
CARRO. Vehículo.
CARROT. Zanahoria, en inglés.
CART. Carro para comprar en los supermercados, en inglés.
CASA. Edificio para habitar. Edificio para una familia. Hogar.
CASADA. No soltera.
CASAR. Unir en matrimonio.
CAT. Gato, en inglés.
CD. Casa Dominicana. Compact Disc.
CE. Centro Educativo. Nombre de la tercera letra.
CEA. Consejo Estatal del Azúcar.
CELEBRE. Famoso.
CENAS. Tomas la cena.
CI. Centro Internacional. City Island. Correctional Institutions.
CIA. Central Intelligence Agency.
CIEN. Nota máxima en un examen.
CINCO. Número que corresponde al mes de mayo.
CINZANO. Marca de vino italiano.
CIU. Columbia International University.
CIUDADANO. Natural de una ciudad o país.
CL. Comunidad Latina.
CLASE. Lección que da el maestro.
CLO. Centro Literario Ocoeño.
CLOROFILA. Pigmento verde de los vegetales.
CMALL. Costa Mesa American Little League.
CO. Colorado, U.S.A.
COA. Palo que servía a los indios para la labrar la tierra.
COAS. Palos que servían a los indios para labrar la tierra.
COLA. Sustancia que se usa para pegar.
COLCHAS. Sirven para adornar la cama y para cubrirnos.
COLORES. Nuestra bandera Dominicana tiene tres…
COMEDOR. Habitación para comer.
COMER. Masticar el alimento y pasarlo al estómago.
COMERÁN. Tomarán la comida principal.

COMETAS. Pertenecen al sistema solar y aparecen regularmente.
COMODAS. Que producen comodidad.
COMUNIDAD. Entidad territorial dotada de autonomía legislativa.
CONFIAR. Creer y esperar con firmeza y seguridad.
CONSENTIR. Mimar a los hijos y permitir que hagan algo.
CONTORNOS. Líneas que limitan una figura.
CORRERÁ. Hará algo con rapidez.
CORRÍ. Me fui de prisa.
CORTE. Tribunal de justicia.
CORTEZA. Parte exterior dura.
COSAS. Objetos inanimados.
COSÍ. Uní con aguja e hilo.
CR. Christian Rosenkreuz. Cristianismo Reforamado. Cruz Roja.
CRECE. Aumenta de tamaño.
CREO. Tengo fe en Dios.
CRIADAS. Mujeres empleadas para el servicio doméstico.
CROMO. Cuerpo metálico de hermoso pulimento.
CSY. Christian School of York.
CTO. Centro Tecnológico Ocoeño. Compañía de Transporte Ocoeña.
CU. Colegio Universitario.
CUATRÍN. Moneda de poco valor que corría en España.

D

DA. Dona. Entrega. Ofrece, entrega. Otorga. Regala.
DADO. Pieza cúbica de hueso con puntos del uno al seis.
DALET. Cuarta letra del alfabeto hebreo.
DAMOS. Donamos.
DAN. Entregan. Ponen a disposición de otros.
DAR. Donar a cambio de nada. Donar. Regalar.
DAS. Donas, regalas. Entregas.
DATO. Información o documento.
DC. District of Columbia.
DE. Indica el origen de algo. Nombre de la cuarta letra del alfabeto.
DÉCIMO. Número ordinal que corresponde a octubre.
DEDICARÁS. Harás eso en un libro en las primeras páginas.
DEL. Contracción.

DERRITO. Disuelvo por medio del calor algo sólido.
DÍ. Puse a disposición de otro. Regalé.
DÍA. Tiempo que tarda la Tierra en dar una vuelta sobre sí misma.
DÍAS. Hay siete en cada semana. Tienen 24 horas.
DIEZ. Cantidad de los principales Mandamientos de Dios.
DIÓ. Donó. Regaló.
DIOS. Ser Supremo, Creador del Universo.
DIRÉ. Manifestaré con palabras.
DIS. Preposición inseparable que indica negación.
DISCUTIRÁ. Sostendrá opiniones opuestas.
DN. Distrito Nacional.
DNA. DeoxyriboNucleic Acid, molécula con nuestro código genético.
DO. Auxiliar para preguntar en el presente, en inglés. Nota musical.
DOLORES. Segundo nombre de Jenny Rivera.
DOM. Abreviatura de Dominicana. Dominicano.
DOMARÁ. Amansará a un animal.
DOMINGO. Primer día de la semana. Santo , capital de la República Dominicana.
DOMINICAN. Dominicano, en inglés.
DON. Título de dignidad.
DONA. Regala.
DONAR. Regalar.
DORAR. Tostar ligeramente la carne.
DOS. Número de febrero. Número que corresponde a febrero. Uno más uno.
DOT. Punto, en inglés (se usa en internet).
DR. Dominican Republic.
DRA. Abreviatura de Doctora.
DRAMA. Obra de teatro. Pieza teatral.
DT. Direct Travel. (Viaje Directo).
DUDA. Desconfía o sospecha.
DURANTE. Denota simultaneidad de un acontecimiento con otro.

E

EA. Educación Artística. Electronic Arts.
EACO. Hijo de Zeus, en la mitología griega.
EARS. Oídos, en inglés.

EBRIO. Borracho.
ECO. Repetición de un sonido.
ED. Forma corta de Edward.
EDAD. Tiempo vivido por una persona.
EDGE. Borde, en inglés.
EDUCADO. Tiene buena educación.
EDUCATIVO. Que educa o sirve para educar.
EE. Segunda vocal dos veces.
EEL. Anguila, en inglés.
EFD. Education For Democracy.
EFE. Nombre de letra. Nombre de una letra.
EFL. English as a Foreign Language.
EGA. Pegamento blanco para papel.
EGG. Huevo, en inglés.
EGO. Exceso de autoestima.
EIP. Early Intervention Program.
EL. Pronombre personal masculino.
ELE. Nombre de letra.
ELECTRÓNICO. Tipo de correo que se usa por medio del internet.
ELÍAS. Profeta hebreo.
ELLA. Pronombre personal femenino.
EMA. Elementos Matemáticos.
EME. Nombre de letra.
EMIR. Príncipe árabe.
EMPLEAR. Dar trabajo a alguien.
EN. Ejército Nacional. Preposición de lugar.
ENDRI. Nombre de varón.
ENFORRARÁ. Le pondrá forro a algo.
ENOC. Personaje Bíblico que Jehová se lo llevó sin morir. Personaje Bíblico que nunca murió. Personaje Bíblico, padre de Matusalén.
ENTONAR. Dar el tono debido al cantar.
ENVOI. Enviado para una misión diplomática, en inglés.
EO. Río de Galicia.
EÓN. Período de tiempo de larga duración. Periodo de tiempo indefinido de larga duración.
EP. Edición Popular.

EPEE. Apellido de Pedagogo francés (1712-1789), creador de un sistema para la educación de los sordomudos.
EPI. Enfermedad Pélvica Inflamatoria. Equipo de Protección Individual.
EPIC. Casa disquera en los Estados Unidos.
ÉPICO. Propio de la epopeya.
ER. Emergency Room.
ERA. Período histórico.
ERE. Nombre suave de una letra.
ERMUA. Municipio localizado en el norte de España.
ES. Del verbo ser. Energía Solar. Estudios Sociales. Existe. Traducción al español de "is".
ESA. Aquella. Pronombre demostrativo.
ESAS. Aquellas.
ESCOLAR. Perteneciente a la escuela.
ESCOLARES. Útiles pertenecientes a la escuela.
ESCONDERÁ. Pondrá algo en un lugar secreto.
ESE. Pronombre demostrativo.
ESL. English as a Second Language.
ESO. Aquello. Pronombre demostrativo.
ESPOSOS. Maridos.
ESTE. Punto cardinal.
ESTUDIA. Toma clases en la Universidad hasta graduarse.
ESU. English Speaking Union.
ET. Extra Terrestre, película. Extra Terrestre. Extra Terrestrial. Y, en francés.
ETA. Séptima letra del alfabeto griego.
ETC. Etcétera.
EU. Eddy Ulerio, Editor en Jefe del Latino News. Estados Unidos.
EV. Electric Vehicle.
EXALTA. Realza el mérito de alguien.
EXT. Abreviatura de extensión.

F

FA. Cuarta nota musical. Fuerzas Armadas.
FAMA. Reputación de una persona.
FAMILIA. Formada por padres e hijos.

FAR. Lejos, en inglés.
FB. Facebook.
FE. Conjunto de creencias de una religión. De eso trata Hebreos 11:1. Se define en la Biblia en Hebreos 11:1.
FEBRERO. Mes en que se celebra San Valentín. Segundo mes del año.
FÍAN. Venden a crédito.
FIN. ... de semana, sábado y domingo. Indica que algo terminó. Se acabó, terminó. Se dice así cuando algo termina. Se dice cuando algo termina. Término o consumación de algo.
FINO. Delicado y de buena calidad.
FIT. Florida Institute of Technology.
FLACO. Delgado.
FM. Frecuencia Modulada.
FO. Interjección que denota mal olor.
FONDO. Superficie sobre la cual está el agua.
FOR. Para, en inglés.
FOTO. Imagen obtenida con una cámara.
FR. Símbolo del francio.
FULA. Persona en la que no se puede confiar.
FUMAS. Aspiras y despides humo de tabaco.

G

GAS. Combustible.
GATA. Hembra del gato.
GE. General Electric.
GEMA. Piedra preciosa.
GENTE (ETNEG). Pluralidad de personas, escrito hacia la izquierda.
GEOMETRÍA. Rama de las matemáticas que estudia las medidas de las figuras en el plano y el espacio.
GO. Ir, en inglés.
GOBERNABLES. Que se pueden gobernar.
GOD. Dios, en inglés.
GP. General Practitioner.
GRANOSA. Que tiene muchos granos en la superficie.
GRASA. Manteca de un animal.
GS. Gas Station.

GUAPA. Sinónimo de linda, hermosa.
GUÍA. Indica el camino.
GUM. Chicle o goma de mascar, en inglés.
GUSANOS. Invertebrados o parásitos, de cuerpo blando.
GUSTO. Placer o deleite que experimentamos o recibimos.

H
HALL. Pasillo, en inglés.
HASD. Hazleton Area School District.
HATO. Porción de Ganado mayor o menor.
HAZLETON. Ciudad donde está el Instituto Técnico Benjamín Franklin.
HERIRÁS. Harás daño a una persona o animal.
HISPANO. Persona que habla español. Que habla español.
HISTORY. Historia, en inglés.
HOY. En este día.

I
I'M. Yo soy, en inglés, usando contracción.
IA. Inteligencia Artificial. International Association. Israel-América.
IBF. Instituto Benjamín Franklin.
IBP. Institute for Brain Potential.
IC. Iglesia Cristiana. Instituto Cultural.
ICR. Iglesia Cristiana Reformada.
ICU. Intensive Care Unit.
ID. Identificación.
IDA. Chiflada.
IDO. Persona falta de juicio.
IE. Internet Explorer.
IEG. Independent Evaluation Group.
IGLESIA. Congregación de los fieles Cristianos. Congregación o Templo Cristiano.
II. Vocal repetida dos veces.
III. Vocal repetida tres veces.
IIN. Institute for Integrative Nutrition.
IL. Iglesia Luterana.
IMÁN. Mineral que atrae al hierro.
IMITARÁ. Hará algo con el estilo de otro.

IMPAR. Que no tiene par.
IN. En (adentro), en inglés.
INB. Iglesia Nacional Bíblica.
INC. Iglesia Nacional Cristiana.
INCA. Antigua moneda de oro del Perú.
INN. Cabaña, en inglés.
INRI. Jesús Nazareno Rey de los Judíos, en latín.
INSTITUTO. Centro de enseñanza. Centro de Estudios Técnicos.
INTENTA. Inicia la ejecución de algo.
INVITAR. Pedir a alguien que nos acompañe a un lugar.
INVITARÁN. Llamarán a varias personas para que asistan a una actividad.
IO. Nombre del satélite más grande de Júpiter. Satélite de Júpiter. Satélite volcánico de Júpiter.
IP. Internet Protocol.
IPA. International Phonetic Alphabet.
IR. Apartarse hacia otro lugar. Caminar de acá para allá. Dirigirse a un lugar apartado. Moverse de aquí para allá. Moverse de un lugar a otro apartado. Moverse de un lugar hacia otro. Moverse hacia determinado lugar. Moverse hacia otro lugar apartado. Moverse hacia otro lugar. Moverse hacia un lugar apartado.
IRA. Causa indignación y enojo. Cólera, enojo. Pasión que causa enojo.
IRÉ. Caminaré de acá para allá. Caminaré de aquí para allá. Me moveré hacia un lugar apartado.
IRS. Internal Revenue Service.
IRSE. Moverse hacia otro lugar.
IS. Es, en inglés. Es, está, en inglés.
ISA. International Sign Association.
ISAAC. Personaje Bíblico, hijo de Abraham, padre de Jacob y Esaú.
ISERE. Río de Francia.
ISLA. Porción de tierra rodeada de agua por todas partes. Porción de tierra rodeada de agua.
ISLAS. Porciones de tierra rodeadas de agua.
ISUZU. Marca de vehículo japonés.
IT. Instituto Técnico.

ITALIANOS. Personas de Italia.
ITBF. Instituto Técnico Benjamín Franklin.
ITC. Instituto Teológico Cristiano.
ITEM. Artículo, en inglés.
IZARÁ. Subirá la bandera.

J

JA. Se usa para indicar la risa.
JESÚS. Hijo de Dios, Señor, y Salvador. Señor y Salvador.
JOHNSON. Lyndon B. ..., Presidente de los E.U. en 1963 después que asesinaron a John F. Kennedy.
JONÁS. Personaje Bíblico tragado por un pez.
JULIO. Séptimo mes del año. Séptimo mes.
JUNIO. Sexto mes del año. Sexto mes.
JURAMENTO. Afirmación o negación poniendo por testigo a Dios.
JURÍDICOS. Asuntos relacionados al derecho.

K

KIEL. Ciudad de Alemania.
KM. Kilómetro.
KO. Knockout en boxeo.

L

LA. Latino América. Los Ángeles. Nota musical. Sexta nota de la escala musical.
LADO. Cara de una tela.
LADOS. Partes del cuerpo del hombro a la cadera.
LAGOS. Áreas permanentes de aguas dulces.
LAR. Hogar.
LAS. Legal Aid Society. (Sociedad de Ayuda Legal).
LATIN. Latino, en inglés.
LATINOS. Son de América Latina.
LAVA. Materia derretida que sale de un volcán.
LB. Librería Bíblica.
LCD. La Clase Divertida.
LE. Librería Educativa. Literatura Española.
LEA. Librería Educativa Arias. Pase la vista por lo escrito.

LEAN. Pasen la vista por buenos libros.
LEE. Pasa la vista por lo escrito.
LEÓN. Gran mamífero carnívoro. Mamífero carnívoro, rey de la selva.
LEONA. Hembra del león.
LEY. Regla obligatoria o necesaria.
LI. Long Island.
LIBRERO. Se usa para colocar libros.
LIBRETO. Texto de un programa de radio o televisión.
LIBRO. Conjunto de muchas hojas de papel con información educativa.
LIC. Abreviatura de Licenciado.
LÍDERES. Personas que dirigen y son seguidas por muchos.
LIMÓN. Fruta de pulpa amarillenta y sabor acido.
LÍO. Problema, de manera coloquial. Ropa u otras cosas atadas.
LIONESS. Leona, en inglés.
LIP. Labio, en inglés.
LISA. Fina, pareja.
LIZ. Forma corta de Elizabeth.
LL. Consonante repetida dos veces. La misma consonante dos veces.
LLANO. Terreno sin altos ni bajos.
LN. Latino News. Lotería Nacional.
LNP. Latino News Pennsylvania.
LO. Abreviatura del apellido de la cantante y actriz Jennifer. Artículo neutro.
LOAN. Préstamo, en inglés.
LOMUDO. Que tiene el lomo grande.
LORO. Ave que aprende a decir algunas palabras.
LOS. Artículo determinado masculino en plural.
LOVE. Amor, en inglés.
LTD. Abreviatura de limited (limitada).
LU. Liberty University.
LUB. Abreviatura de lubricante.
LUCIR. Exhibir lo que se ha puesto.
LUCRO. Ganancia.

LUIS. ... Quinn, Sacerdote Canadiense que ayudó al desarrollo de San José de Ocoa.
LUNÁTICOS. Que padecen locura por intervalos.
LUTO. Ropa negra que se usa por la muerte de alguien.

M

MA. Massachusetts. Mayra Arias, esposa del autor. Mayra Arias, mi esposa. Mayra Arias. Mi Amor. Minerva Arias, mi hermana mayor.
MADURAR. Adquirir pleno desarrollo físico e intelectual.
MAFIA. Organización clandestina de criminales.
MAID. Sirvienta, en inglés.
MAIL. Enviar por correo, en inglés.
MAILMAN. Cartero, en inglés.
MAL. Apócope de malo. Lo contrario al bien. No se siente bien.
MALA. Que no es buena.
MAN. Hombre, en inglés.
MANDATO. Orden que el superior da a los súbditos.
MANRESA. Heladería dominicana muy famosa.
MANSIONES. Casas suntuosas.
MAO. Municipio cabecera de la provincia Valverde, Rep. Dom.
MAPA. Representación geográfica plana la Tierra, continente o país. Representación geográfica y plana de la Tierra. Representación gráfica de una parte de la superficie terrestre.
MARATÓN. Carrera de resistencia.
MARENGO. Hombre de mar.
MARINERA. Mujer que pertenece a la marina de guerra.
MARIPOSAS. Hombres afeminados.
MARZO. Tercer mes del año.
MÁS. Indica mayor cantidad. Mayor cantidad. Símbolo que indica positivo en una cantidad.
MASA. Cantidad de materia que contiene un cuerpo.
MAULLAN. Dan maullidos.
MAYO. Quinto mes del año. Quinto mes.
MDA. Mayra Dignora Arias, esposa del autor.
ME. Forma acusativa de la primera persona singular. Pronombre reflexivo de la primera persona.

MEJOR. Superior a otra cosa.
MEN. Hombres, en inglés.
MENÚ. Libro en que se incluyen las comidas, bebidas y postres de un restaurante.
MERMA. Baja o disminuye algo.
MES. Cada una de las doce divisiones del año solar. Tiene 28, 30 o 31 días.
MI. Nota musical. Tercera nota de la escala musical. Tercera nota musical.
MÍOS. Me pertenecen.
MIRARON. Fijaron el sentido de la vista sobre algo.
MIRARSE. Usa un espejo para hacer eso.
MIRÉ. Dirigí la vista a un objeto o persona.
MIS. Adjetivo posesivo de la primera persona en plural.
MO. Símbolo del molibdeno.
MOCHILA. Bolsa que se lleva en la espalda sujeta a los hombros.
MODA. Ropa o costumbre popular durante un tiempo.
MOLÍ. Reduje hasta hacerlo polvo.
MOMIA. Cadáver de persona o animal embalsamado.
MOP. Trapear, limpiar, en inglés.
MORA. Habita.
MORENA. Mujer de color obscuro.
MR. Señor, en inglés.
MS. Master of Science.
MUERE. Deja de vivir.
MULA. Hija del caballo y burra. Es estéril.
MUY. Denota grado superlativo. Indica el más alto grado de un adjetivo.
MV. Motor Vehicle.

N

NA. Norma Arias, mi hermana mayor. North America. (América del Norte).
NAA. National Apartment Association.
NADAN. Se trasladan en el agua moviendo los brazos.
NADAR. Sostenerse y adelantar sobre el agua. Trasladarse en el agua sin tocar el suelo.

NADAS. Te trasladas por el agua con los movimientos de tus brazos y piernas.
NADIE. Ninguna persona.
NADIR. Punto de la esfera opuesta al cenit.
NARA. Ciudad de Japón.
NARCÓTICO. Sustancia que produce relajación muscular.
NAS. North American School.
NASA. National Aeronautics and Space Administration.
NAT. North American Translators.
NATIVOS. Pertenecen al lugar donde nacieron.
NAU. National American University.
NAVIDAD. La celebramos el 25 de diciembre. Se celebra el 25 de diciembre.
NAZARET. Ciudad en Israel donde Jesús vivió.
NE. New England. Noreste.
NEA. National Education Association.
NEIBA. Ciudad en el Suroeste de la Republica Dominicana.
NETO. Puro y bien definido.
NEW. Nuevo, en inglés.
NFR. Not For Resale.
NI. Denota negación seguida de otra. Símbolo del níquel.
NICE. Agradable, en inglés.
NIDO. Formado por las aves para poner sus huevos.
NIGUA. Insecto parecido a la pulga.
NIL. Next in line. (Próximo en la fila)
NIMIO. Demasiado, excesivo.
NIÑA. Pupila del ojo.
NIV. New International Version.
NLM. New Life Mission.
NN. Consonante repetida.
NNN. Consonante repetida tres veces.
NO. Adverbio de negación. Expresa la idea de negación. Noticias Ocoeñas. Se usa para contestar de manera negativa. Se usa para negar.
NOBU. Reconocido restaurante japonés.
NOCA. Crustáceo marino.

NOÉ. Personaje Bíblico que construyó el arca. Personaje Bíblico que construyó un arca enorme. Personaje de la Biblia que construyó el arca.
NOEL. Papa…, personaje de la navidad.
NON. No, en latín.
NONE. Ninguno, en inglés.
NORTE. Punto cardinal.
NOT. Se usa para negar en inglés.
NOTA. Sinónimo de apunte.
NOTICIA. Información de un acontecimiento reciente. Novedad, información.
NOVEDADES. Sucesos o noticias recientes.
NOVIEMBRE. Mes 11 del año.
NRE. New Relationship Energy.
NSA. National Security Agency.
NT. Nuevo Testamento.
NUEVE. Número que corresponde a septiembre.
NUN. Monja, en inglés.
NUNCA. En ningún tiempo.
NURÍN. … Sanlley, actriz dominicana que representaba a la Pinky.
NY. New York.

O

OA. Ocoeños Asociados.
OAK. Roble, en inglés.
OAS. Organization of American States.
OASIS. Sitio con manantiales aislado en los desiertos.
OBEDECE. Hace lo que se le pide.
OC. Orange County.
OCA. Orthodox Church in America.
OCCASIÓN. Oportunidad que se ofrece para algo.
OCOA. Ciudad, rodeada de montañas, al sur de la República Dominicana. San José de …, provincia al sur de la República Dominicana. San José de …, pueblo natal del Autor.
OCOEÑOS. Serie 13, la Revista de los... fue publicada por los hermanos Arias Lara en Ocoa.

OCOS. Municipio de Guatemala.
OCRA. Ovarian Cancer Research Alliance.
OCTUBRE. Décimo mes del año.
OD. Organización Dominicana.
ODA. Poema lírico.
ODIA. No ama.
ODÍN. Dios de la mitología escandinava.
ODIOSAMENTE. De un modo odioso.
OE. Ocoeños Empresariales. Ocoeños Excelentes.
OEA. Organización de Estados Americanos.
OES. Online Enrollment System.
OFICIO. Profesión.
OG. ... Mandino, autor de libros de auto ayuda.
OGE. Vincent ..., patriota mulato dominicano (1750- 1791).
OGROS. Hombres insociables y de mal carácter.
OÍ. Escuché.
OÍDOS. Partes de la audición.
OIM. Organización Internacional de Migración.
OIMOS. Escuchamos.
OIR. Escuchar.
OIR. Percibir los sonidos con el oído. Percibir los sonidos.
OIRÁN. Escucharán. Percibirán los sonidos con el oído.
OK. Bien, en inglés. Expresa aprobación.
OL. On Line. Organización Latina.
OLA. Onda de las aguas. Onda en la superficie de las aguas.
OLER. Percibir los olores.
OLFATEARÉ. Oleré persistentemente.
OLIVA. Tipo de aceite de color verde.
OLOR. Aroma. Fragancia muy agradable.
OLOROSA. Con mucho olor. Que exhala de sí olor o fragancia. Que exhala olor.
OLOROSAS. Exhalan fragancia.
OLOROSO. Aromático. Que exhala de si fragancia.
OLT. Rio de Rumania.
OM. El mantra más sagrado en el Hinduismo y Budismo. Mantra más sagrado del Hinduismo y Budismo. Sonido que se usa en la meditación. Uno de los mantras más sagrados del Budismo.

OMS. Organización Mundial de la Salud.
ON. En (encima), en inglés. En, encima, en inglés.
ONCE. Undécimo.
ONDA. Se forma con el movimiento del agua.
ONE. Uno, en inglés.
ONION. Cebolla, en inglés.
ONO. One Night Only. Yoko ..., esposa de John Lennon.
ONTARIO. Provincia canadiense. Provincia de Canadá.
ONU. Organización de las Naciones Unidas.
OO. Vocal repetida dos veces.
OPAL. Tejido fino de algodón.
ÓPTICO. Comerciante en instrumentos de óptica.
OR. Abreviatura de Oregón. O, en inglés. Oregón.
ORA. Habla con Dios. Hace oración a Dios. Suplica a Dios.
ORAR. Hablar con Dios. Rogar a Dios.
ORCA. Ballena asesina.
ORÉ. Hablé con Dios.
ORE. Haga oración a Dios.
OREAR. Airear una cosa para refrescarla.
ORGANIZAR. Coordinar una actividad con las personas, el lugar, día y hora. Establecer o reformar algo para lograr un fin. Poner las cosas en orden.
ORINARÁ. Hará pipí.
ORINARÉ. Expulsaré liquido por la uretra.
ORO. Metal amarillo brillante. Metal amarillo de mucho valor. Metal de color amarillo brillante. Metal precioso amarillo. Metal precioso de color amarillo. Metal precioso.
OS. Operating System. Símbolo del osmio.
OSA. Nombre de constelación mayor y menor. Nombre de dos constelaciones.
OSAN. Se atreven.
OSCURO. Carece de luz o claridad.
ÓSEO. De hueso.
ÓSEOS. De huesos.
OSO. Constelación. Mamífero carnívoro. Mamífero de espeso pelaje.
OSTENTACIÓN. Jactancia, orgullo.

OT. Occupational Therapy.
OTI. Organización de Televisión Iberoamericana.
OTORGA. Regala.
OTORGARÁN. Donarán.
OTRO. Uno más.
OUR. Nuestro, en inglés.
OVO. Adorno en forma de huevo.
OVULARÁ. Realizará la ovulación.
OWL. Búho, en inglés.
OZ. Abreviatura de onza. El Mago de ..., libro y película infantil.
OZA. Ramesh ..., líder espiritual Hindú.
OZAKA. Ciudad y puerto del Japón.

P

PA. Parents' Association. Pennsylvania.
PAISANO. Persona del mismo país que otra.
PALABRA. La ... de Dios, la Biblia. La...de Dios.
PALMA. Parte interior de la mano.
PAN. Jesús lo usó en la Santa Cena. Nuestro ... Diario, Publicación Cristiana. Representa al cuerpo de Cristo.
PANADERÍA. Lugar donde se hace y se vende el pan.
PAR. Dos cosas iguales.
PARA. Se detiene.
PARRANDAS. Grandes fiestas navideñas.
PASADENAS. Grupo musical del Reino Unido.
PASARON. Cruzaron de una parte a otra.
PASTOREAR. Dirigir una iglesia.
PATÍN. Se usa para patinar.
PATRIOTAS. Personas que tienen amor a su patria.
PAZ. Situación de quienes no están en guerra. Situación y relación de quienes no están en guerra.
PC. Personal Computer.
PD. Police Department.
PE. Nombre de una letra.
PEGAR. Juntar una cosa a otra.
PELEA. Riña, combate.
PELEARÁ. Combatirá.

PELIGROSO. Riesgoso.
PELO. Cabello.
PELUCAS. Cabelleras postizas.
PEN. Lapicero o pluma, en inglés. Lapicero, en inglés.
PERA. Fruta de color verde. Fruta.
PERRO. Animal muy leal al hombre. Mamífero domestico muy leal.
PERÚ. País en América del Sur donde está Machu Pichu.
PESAR. Determinar el peso de algo.
PET. Animal doméstico, en inglés.
PG. Pedro Guerreo, jugador dominicano de béisbol.
PI. Igual a 3.14. Mide 3.14.
PILOTAR. Guiar un avión o un barco.
PIN. Personal Identification Number.
PINO. Árbol cuya madera es muy usada en carpintería.
PINTORA. Mujer que pinta.
PIONERO. Persona que prepara el camino a otros.
PISAR. Poner un pie sobre algo.
PL. Parque Libertad. Partido Liberal.
PLANEAR. Hacer planes.
PLANETA. Cuerpo celestre que gira alrededor del sol.
PLANO. Representación gráfica de una construcción.
PLATA. Metal blanco brillante.
PLN. Poder Latino News, se publicaba en Hazleton, PA.
PNC. Letras de un banco de Pennsylvania.
PNL. Partido Nacional Liberal.
POCO. En pequeña cantidad. Reducida cantidad. Una pequeña cantidad.
POLÍTICAS. Mujeres que les gusta la política.
POLO. Uno de los puntos en el norte o sur de la tierra.
PONER. Colocar algo en un sitio.
POOR. Pobre, en inglés.
POPULAR. Muy conocido por el público.
POR. Preposición.
POSO. Sedimento de un líquido.
POWER. Poder, en inglés.
PR. Puerto Rico.

PRD. Partido Revolucionario Dominicano.
PRE. Preposición inseparable que denota prioridad.
PREFIEREN. Dan la preferencia.
PRESENT. Regalo, en inglés.
PRO. A nivel profesional. Profesional.
PROCTOR. Persona que supervisa estudiantes durante un examen, en inglés.
PS. Public School.
PT. Part Time.
PTA. Parent Teacher Association.
PTR. Punto de Terminación de Red.
PUERTOS. Sirven para que las embarcaciones hagan carga y descarga.
PULGA. Insecto que encontramos en los perros y otros animales.
PULIR. Alisar o perfeccionar algo.
PURIM. Fiesta Judía que celebra la liberación de sus enemigos.
PUSE. Hice que una cosa este en un lugar determinado.
PUT. Poner, en inglés.

R

RA. Dios egipcio del sol y del origen de la vida. Dios egipcio del sol. Dios Sol de los egipcios. Dios Sol, el más importante para los egipcios. Dios solar de Egipto. Dios solar de los egipcios. Dios solar del Antiguo Egipto. Dios-Sol de los Egipcios. Para los egipcios, símbolo de la luz solar, dador de la vida. Rafael Arias, mi padre y hermano mayor. Rafael Arias, nombre de mi padre y hermano mayor. Rafael Arias, padre del autor.
RAA. Regional Airline Association.
RADAR. Se usa para determinar la localización de un avión o embarcación. Se usa para determinar la localización o velocidad de un objeto.
RAN. Corrió, en inglés.
RAROS. No tan comunes.
RAS. A un mismo nivel.
RAT. Rata, en inglés.
RATO. Espacio corto de tiempo.
RATONA. Hembra del ratón.

RATONES. Mamíferos roedores de color gris.
RAY. Rayo, en inglés.
RB. Rhythm & Blues, género musical.
RBI. Red Bíblica Internacional.
RC. Receso Comunitario, programa radial del autor. Receso Comunitario, programa radial. Rosacruz.
RD. República Dominicana.
RE. Segunda nota de la escala musical. Segunda nota musical.
REA. Acusada, culpada.
REABRIR. Volver abrir.
REACIOS. Muestran resistencia a hacer algo.
REANUDA. Renova o continua algo.
REIR. Celebrar algo con risa.
RENACES. Vuelves a nacer.
RENTA. Lo que se paga al vivir en una casa ajena.
REO. Acusado, culpable. Persona condenada después de la sentencia.
REPEL. Rechazar, en inglés.
REPÚBLICA. ... Dominicana, país caribeño.
RES. Carne de vaca.
RESORTS. Lugares para vacacionar con todo incluido.
RESPONDER. Contestar lo que se pregunta.
RESUMIR. Reducir a términos breves y precisos.
RETO. Objetivo difícil de llevar a cabo.
REUSA. Usa de nuevo.
REY. Pieza principal del ajedrez.
RF. Radio Frecuencia.
RH. Recursos Humanos.
RI. Rhode Island.
RÍA. Celebre con risa. Sonría.
RÍE. Celebra algo con risas.
RÍEN. Carcajean. Celebran con risas.
RIFLE. Fusíl.
RÍO. Andrés Manuel del ..., geólogo y químico español. Corriente de agua continua. Corriente de agua.
RIVER. Río, en inglés.
RN. Registered Nurse. Símbolo del radón.
RNH. Royal Naval Hospital.

RO. Río Ocoa. Se usa para arrullar a los niños. Voz que, repetida, sirve para arrullar al niño.
ROBA. Toma lo ajeno.
RODAR. Filmar o pasar una película.
ROE. Carcome.
ROL. Papel o función que alguien cumple.
ROMÁNTICO. Sentimental.
ROMPERÁ. Hará pedazos algo.
RON. Bebida alcohólica.
RONCA. Hace ruido al respirar cuando duerme. Hace ruido cuando duerme.
ROS. Revenue Online Service.
ROSA. Flor del rosal.
ROTA. Partida en trozos o fragmentos.
ROTO. Partido en trozos. Se rompió.
RPC. Remote Procedure Call.
RPF. Regional Processing Facility.
RR. Consonante dos veces. Consonante repetida dos veces. Consonante repetida. La misma consonante dos veces. Rock and Roll.
RRA. Rock River Arms, fábrica de piezas para rifles.
RRR. Consonante repetida tres veces.
RS. Roberto Santana, Ocoeño muy reconocido.
RT. Road Test, examen práctico para la licencia de manejar.
RU. Radford University.
RUDO. Áspero, descortés, grosero.
RUMORAR. Correr un rumor.
RUN. Correr, en inglés.
RUSO. De Rusia.

S

SA. Salvation Army. Sociedad Anónima.
SÁBANAS. Piezas para cubrirnos en la cama.
SACA. Pone algo afuera.
SACARÍA. Pondría algo afuera.
SAL. Sustancia blanca cristalizada que se emplea como condimento. Sustancia cristalina.

SALADAS. Con mucha sal.
SALARÁN. Le pondrán mucha sal.
SALE. Pasa de dentro afuera.
SALEN. Pasan de dentro a fuera.
SALÍ. Pasé de dentro a fuera.
SALIR. Pasar de adentro hacia afuera.
SALT. Sal, en inglés.
SALTO. Brinco.
SAM. Abreviatura de Samuel. Nombre de un tío famoso americano.
SAN. ... José de Ocoa, Provincia en el Sur de la República Dominicana. Apócope de Santo.
SANAMOS. Recobramos la salud.
SANAS. Recobras la salud.
SAPOS. Anfibios con ojos saltones y extremidades cortas.
SARA. Personaje Bíblico, esposa de Abraham, madre de Isaac.
SAS. Compositor peruano. Special Air Service.
SASTRES. Personas que hacen pantalones.
SAT. Servicio de Administración Tributaria.
SC. San Cristóbal. South Carolina.
SD. Santo Domingo.
SE. Sureste. Tengo conocimiento de algo.
SEA. Mar, en inglés.
SED. Deseo o necesidad de agua.
SEM. Personaje Bíblico, primogénito de Noé. Personaje Bíblico. Hijo de Noé. Search Engine Marketing (Mercadotecnia en internet).
SEN. Moneda japonesa de cobre.
SER. Verbo "to be", en español. Verbo to be, en español.
SI. Adverbio de afirmación. Expresa afirmación al responder. Expresa afirmación. Séptima nota de la escala musical. Nota musical. Respuesta afirmativa. Se usa para afirmar. Sports Illustrated.
SÍMIL. Semejanza entre dos cosas.
SIMIO. Mono.
SINT. Science Institute of the Northwest Territories.
SIR. Señor, en inglés.
SIRIO. Natural de Siria.

SIT. Sentarse, en inglés.
SL. Sabana Larga, municipio de Ocoa. Sabana Larga, municipio de San José de Ocoa. Sabana Larga.
SO. Así, en inglés. Suroeste.
SOCORRERÁ. Ayudará en un peligro.
SOCORRO. Petición de ayuda en el peligro.
SODA. Agua gaseosa que contiene ácido carbónico.
SOL. Estrella alrededor de la cual gravita la Tierra. Estrella de nuestro Sistema planetario. Estrella en el centro de nuestro sistema planetario.
SOLDADO. Persona que sirve en el ejército.
SOLIDARIDAD. Apoyo a la causa de otros.
SOLÍS. Marco Antonio ..., apellido del cantante.
SON. Hijo, en inglés.
SOPA. Plato de caldo con fideos.
SOR. Hermana, religiosa. Título de hermana religiosa.
SORBO. Cantidad pequeña de una bebida.
SOS. Código internacional para "auxilio". Señal de socorro en el Código Morse. Señal de socorro. Señal para pedir socorro.
SOTO. Apellido de Juan, pelotero dominicano.
SR. Abreviatura de Señor.
SS. Servicio Secreto.
STATE. Estado, en inglés.
STO. Abreviatura de Santo.
SU. Adjetivo posesivo de la 3ra persona. Adjetivo posesivo de la tercera persona. Adjetivo posesivo. Seattle University.
SUMA. Reúne varias cantidades en una sola.
SUN. Sol, en inglés.
SUR. Punto cardinal donde está San José de Ocoa. Punto cardinal, donde está Ocoa en la República Dominicana. Punto cardinal. Región donde está San José de Ocoa.
SY. Abreviatura de Syria.

T

TA. Te Amo. Teaching Assistant. Tel Aviv, en Israel. Travel Agent.
TACO. Comida mejicana.
TAÍNA. India del Caribe.

TAL. Igual, semejante o de la misma forma.
TAN. Broncearse, en inglés. Se usa para referirse a algo exagerado.
TAO. Principio supremo en la filosofía china.
TAPAR. Cubrir o cerrar con algo.
TAROT. Barajas que se usan para adivinar el futuro.
TAURO. Segundo signo zodiacal.
TAYISCA. Piedras colocadas de forma que puedan apresar una persona o un animal.
TAZA. Se usa para tomar café o té.
TC. Teología Cristiana.
TD. Toronto Dominion, banco canadiense.
TE. Bebida caliente de hojas o raíces. Regla de dibujo.
TEN. Diez, en inglés.
TEÓLOGO. Persona con conocimientos de Teología.
TER. Río de España.
TEV. Total Enterprise Value.
THAT. Eso, esa, en inglés.
TI. Nombre de la "T", en inglés. Technical Institute. Texas Instruments.
TIA. Hermana de mi padre o madre. La hermana de la madre o del padre de uno.
TIE. Corbata, en inglés.
TIEMPO. Tiempo, en inglés.
TINA. Vasija grande de barro.
TIPO. Letra de imprenta.
TIRAR. Quitar con violencia y fuerza. Sinónimo de lanzar.
TITÁN. Grúa gigantesca.
TITANIC. Barco que se hundió y muchos murieron.
TIZAS. Se usan para escribir en una pizarra.
TLN. Total Living Network.
TO. A, para, en inglés. Para, en inglés.
TOM. ... and Jerry, muñequitos animados.
TOMAR. Beber.
TON. Abreviatura de tonelada.
TONTA. Escasa de entendimiento.
TOO. También, en inglés.

TORNO. Máquina para hacer piezas redondeadas de madera.
TORO. Mamífero cuya hembra es la vaca.
TORRE. Edificio fuerte, más alto que ancho.
TOS. Enfermedad del aparato respiratorio.
TOSE. Tiene tos.
TOY. Juguete, en inglés.
TR. Toms River.
TRABAJA. Ejerce una determinada profesión.
TRABAJARÁ. Tendrá una ocupación remunerada.
TRABAJO. Se nos paga por hacerlo.
TRAGADO. He hecho que la comida pase de la boca hacia el estómago.
TRAGARÁ. Hará que algo pase al estómago.
TRAIN. Entrenar, en inglés.
TRES. Número para el mes de marzo
TRI. Indica tres. Prefijo que significa tres.
TRIADAS. Conjunto de tres cosas vinculadas entre sí, en plural.
TRIBU. Grupo social primitivo.
TRÍO. Conjunto de tres voces.
TROPA. Banda, batallón.
TRUMP. Apellido del Presidente número 45 de Estados Unidos.
TS. Technical School.
TTT. Consonante repetida tres veces.
TU. Segunda persona del singular. Usted.
TUSARÁ. Trasquilará.
TUV. Tres letras consecutivas del alfabeto.
TX. Texas.

U

UA. Unión Americana.
UA. Universidad Argentina.
UASD. Universidad Autónoma de Santo Domingo.
UC. Universidad Cristiana.
UCE. Universidad Central del Este.
UD. Unidad Dominicana. University of Delaware.
UDS. Abreviatura de ustedes.
UFO. OVNI, en inglés.

UI. University of Idaho.
UM. Universidad de Manitoba. University of Manitoba.
UN. United Nations.
UNA. Ate o junte una cosa con otra. Junte dos o más cosas. United Nations Association. United Nations Association.
UNC. Universidad Nacional Cristiana.
ÚNICO. Solo y sin otro de su especie.
UNIDO. Atado.
UNIÓ. Juntó.
UNIR. Juntar dos o más cosas. Juntar.
UNIVERSAL. Común a todos en su especie. Que se extiende a todo el mundo. Se extiende a todo el mundo.
UNO. El primer número. El primero de todos los números. Número que corresponde a enero. Número que corresponde el mes de enero.
UÑA. Parte dura en la extremidad de los dedos.
UPA. Levanta. También, apellido de Nelson, un fotógrafo famoso de Ocoa y amigo nuestro.
UPAS. Levantas.
UPON. Encima, en inglés.
UR. Antigua ciudad de Abraham. Ciudad antigua de los Caldeos. Ciudad Bíblica de los Caldeos donde vivía Abraham. Ciudad de los caldeos donde vivió Abraham. Lugar Bíblico del nacimiento de Abraham.
URAL. Rio de Rusia.
URBE. Ciudad muy populosa.
US. United States.
USA. United States of America.
USAR. Llevar una prenda de vestir.
USE. Utilice.
USO. Empleo habitual de algo.
USRR. University Senate Rules and Regulations.
USTED. Tu.
USURA. Interés excesivo en un préstamo.
UVA. Fruta morada, blanca o verde de la que se hacen vinos.

V

VA. Acude. Se dirige hacia allá.
VAN. Autobús pequeño, en inglés.
VE. Percibe por los ojos.
VENERAR. Dar culto a Dios.
VEO. Percibo con mis ojos.
VER. Percibir por los ojos.
VERDAD. Por eso murió Cristo Jesús.
VET. Veterinario, en inglés.
VI. Percibí por los ojos.
VINO. Licor de las uvas.
VOLVERÁ. Regresará.
VOTO. Se usa para elegir una preferencia política.

W

WB. Warner Brothers.
WED. Casarse, en inglés.

Y

YA. Ahora mismo. Confirma que una acción se ha realizado.
YES. Si, en inglés.
YI. Pronunciación de la "G" en inglés.
YO. Pronombre de la primera persona del singular. Pronombre personal de la primera persona.
YOU. Tú, en inglés.
YSER. Rio de Bélgica.

Z

ZA. Letras ultima y primera del alfabeto. Sonido para ahuyentar a los perros y a otros animales.
ZAFAD. Desatad algo.
ZAR. Emperador de Rusia. Título que se daba al emperador de Rusia.
ZIP. Cerrar una ropa, en inglés.
ZIS. Zurich International School.
ZO. Zein Obagi, Dermatólogo Sirio-Americano. Zein Obagi, Doctor de la piel.

ZOÉ. ... Saldaña, nombre de la actriz.
ZOÓLOGO. Persona que se dedica a la zoología.
ZOOM. Se usa para reuniones o clases por video.
ZORRA. Mamífero carnívoro.

SOLUCIONES DE LOS CRUCIGRAMAS

SOLUCIONES DE LOS CRUCIGRAMAS

CRUCIGRAMA 1

U	N	O		M	E	N
R	A		C	A	N	A
	R	C		R	F	
O	C	A	S	I	O	N
S	O	R		N	R	E
A	T	R	A	E	R	A
	I	O		R	A	
A	C	T	U	A	R	E
T	O				A	N

CRUCIGRAMA 2

CRUCIGRAMA 3

CRUCRIGRAMA 4

	A	B	R	I	L	
A	M	A	R		A	N
F	O	R			D	A
A	R		P		O	Z
N		M	A		S	A
A						R
R	O	B	A		M	E
A	R	E	A		E	T
	A	G	A	I	N	

CRUCIGRAMA 5

	C	I	N	C	O	
G	O				R	D
U	M		E	G	G	
S	U		L	O	A	N
A	N	T		D	N	A
N	I	D	O		I	D
O	D		M		Z	A
S	A	N		R	A	N
	D	O	N	A	R	

CRUCIGRAMA 6

	J	U	N	I	O	
S	U	R		A	T	A
A	R		P		O	L
L	A		C	A	R	T
A	M	A		A	G	E
D	E		B		A	R
A	N		F		R	A
S	T	O		M	A	N
	O	I	R	A	N	

CRUCIGRAMA 7

	J	U	L	I	O	
T	U				L	A
O	R		P		F	M
N	I	C	E		A	A
	D	A	L	E	T	
M	I	R	E		E	T
O	C	R	A		A	I
P	O	O	R		R	A
	S	T	A	T	E	

CRUCIGRAMA 8

A	G	O	S	T	O	
	E	N		A	R	O
D	O		B		G	S
O	M		F		A	C
M	E	N		O	N	U
A	T		A		I	R
R	R		L		Z	O
A	I	R		S	A	
	A	H	O	R	R	A

CRUCIGRAMA 9

	N	U	E	V	E	
R	O	N		E	S	A
E	V		I		C	R
S	E		T		O	T
U	D	S		E	L	E
M	A	L	A		A	R
I	D		N		R	I
R	E	Y		S	E	A
	S	A	N	A	S	

CRUCIGRAMA 10

	D	E	C	I	M	O
A		S	A		A	L
C		C		A		O
A		O		M		R
M	A	N	D	A	T	O
P		D		R		S
A		E		A		A
R		R	A		P	S
E	X	A	L	T	A	

CRUCIGRAMA 11

	A	R	I	A	S	
O	■	A	S	I	■	E
S	U	■	L	■	P	S
O	N	T	A	R	I	O
■	I	A	■	A	S	■
A	C	O	S	T	A	R
S	O	■	U	■	R	I
A	■	A	M	A	■	O
	A	T	A	C	A	

CRUCIGRAMA 12

	■	A	C	A	■	
■	D	R	A	M	A	■
Z	O	O	L	O	G	O
O	M	S	■	R	R	R
R	I	■		■	A	E
R	N	H	■	A	D	A
A	G	A	R	R	A	R
■	O	S	E	O	S	■
	■	D	O	S	■	

CRUCIGRAMA 13

H	O	Y		M	D	A
A	N	■	A	■	I	N
S	■	A	S	O	■	D
D	O	M	I	N	G	O
	W	B	■	I	A	
O	L	O	R	O	S	A
C	■	S	U	N	■	M
O	K	■	N	■	S	O
A	M	A		O	I	R

CRUCIGRAMA 14

M	O	C	H	I	L	A
■	C	L	A	S	E	■
P	■	O	Z	A	■	Y
A	A	■	L	■	A	A
	C	R	E	C	E	
P	A	■	T	■	E	S
L	■	S	O	L	■	D
■	N	U	N	C	A	■
S	O	N		D	A	N

CRUCIGRAMA 15

T	R	A	G	A	D	O
S	E	R	■	S	O	N
	P	U	R	I	M	
S	U	■	C	■	I	S
A	B	C	■	O	N	E
L	L	■	P	■	I	A
	I	S	A	A	C	
U	C	E	■	M	A	N
C	A	M	P	A	N	A

CRUCIGRAMA 16

S	E	■		■	A	T
U	N	A	■	A	E	I
N	O	T	I	C	I	A
■	C	A	N	T	O	■
	■	C	■	U	■	
■	T	A	P	A	R	■
M	I	R	A	R	O	N
A	M	A	■	A	T	A
N	E	■		■	A	S

CRUCIGRAMA 17

L	I	B	R	E	R	O
O	N	■	O	■	D	R
V	■	A	T	A	■	A
E	N	T	O	N	A	R
	I	R	■	T	R	
P	L	A	N	E	T	A
U	■	S	O	S	■	L
S	A	■	B	■	P	L
E	S	T	U	D	I	A

CRUCIGRAMA 18

	I	M	■	A	D	
A	N	U	N	C	I	O
C	S	Y	■	A	S	I
A	T	■	S	■	C	R
■	I	S	U	Z	U	■
I	T	■	N	■	T	U
P	U	T	■	P	I	N
A	T	R	A	E	R	A
	O	I	■	N	A	

CRUCIGRAMA 19

U	S	A	■	E	C	O
S	I	■	C	■	D	R
A	■	C	A	T	■	A
R	E	A	B	R	I	R
	S	L	■	I	C	
P	A	L	A	B	R	A
E	■	E	S	U	■	M
R	C	■	I	■	S	E
A	L	A	■	A	U	N

CRUCIGRAMA 20

C	E	L	E	B	R	E
	U	■	D	■	C	
R	■	M	A	L	■	P
O	B	E	D	E	C	E
N	F	R	■	O	I	R
C	A	M	I	N	A	R
A	■	A	T	A	■	O
	S	■	B	■	P	
C	O	N	F	I	A	R

CRUCIGRAMA 21

P	L	N		A	B	C
O	E	■	A	■	R	A
C	A	N	C	I	O	N
O	■	A	T	M	■	A
	R	D	■	P	A	
A	■	A	T	A	■	A
V	E	N	E	R	A	R
E	S	■	N	■	S	A
S	O	N		F	A	R

CRUCIGRAMA 22

F	E	B	R	E	R	O
I	■	■	E	■	■	C
N	■	F	I	T	■	O
O	L	O	R	O	S	A
	E	N	■	R	E	
M	A	D	U	R	A	R
A	■	O	N	E	■	E
I	■	■	I	■	■	T
D	E	R	R	I	T	O

CRUCIGRAMA 23

	A	B	R	I	L	
C	■	F	I	N	■	C
A	P	■	O	■	A	A
M	E	N	■	A	L	L
I	G	L	E	S	I	A
S	A	M	■	A	T	M
A	R	■	S	■	A	A
S	■	D	O	S	■	R
	J	E	S	U	S	

CRUCIGRAMA 24

S	■	A	M	A	■	C
A	P	■	A	■	T	A
C	A	M	I	N	A	R
A	L	E	L	U	Y	A
	A	J	■	R	I	
A	B	O	L	I	S	H
A	R	R	A	N	C	A
R	A	■	V	■	A	S
P	■	C	A	N	■	D

CRUCIGRAMA 25

CRUCIGRAMA 26

CRUCIGRAMA 27

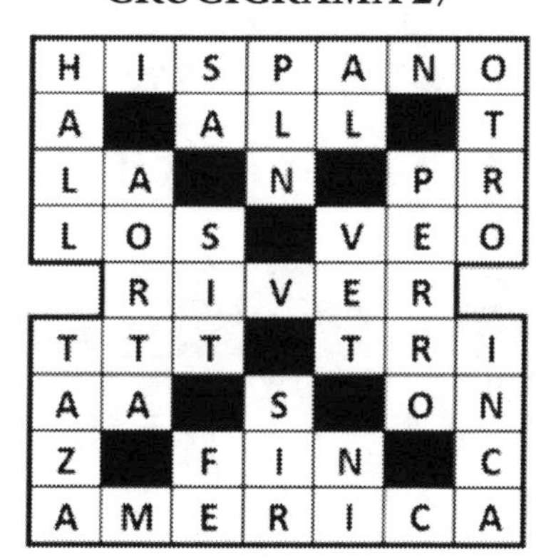

CRUCIGRAMA 28

R	D	■	C	■	O	Z
O	■	P	A	N	■	O
T	R	A	B	A	J	O
O	E	S	■	T	O	M
	P	A	T	I	N	
V	E	R	■	V	A	N
O	L	O	R	O	S	O
T	■	N	A	S	■	N
O	N	■	Y	■	F	E

CRUCIGRAMA 29

	P	O	W	E	R	
C	O	M	E	D	O	R
A	L		D		M	I
L	I	Z		M	A	O
	T	I	T	A	N	
L	I	P		L	T	D
I	C		A		I	I
C	A	N	T	I	C	O
	S	A	L	T	O	

CRUCIGRAMA 30

I	P	A		A	C	A
B	A		I		A	N
P	R	E	S	E	N	T
	R	N		N	T	
N	A	V	I	D	A	D
	N	O		R	R	
A	D	I	V	I	N	O
M	A		A		O	N
A	S	I		U	S	E

CRUCIGRAMA 31

H		P	I	N		E
A	M	I	S	T	A	D
S	A		L		P	G
D	U	R	A	N	T	E
	L	B		U	I	
A	L	I	E	N	T	O
M	A		L		U	R
A	N	U	L	A	D	A
R		N	A	S		R

CRUCIGRAMA 32

A	M	A	R	A	N	
T	A		E		Y	O
A		L		L		N
	C	O	M	E	R	
	A	V	I	O	N	
U		E	O	N		D
S	O		S		P	I
A	L	A		O	R	O
	A	M	I	G	O	S

CRUCIGRAMA 33

	M	A	R	Z	O	
C		R	I	O		P
A	A		E		D	A
P	L	A	N	E	A	R
	A	C		F	M	
A	B	U	E	L	O	S
T	A		A		S	O
A		O	R	O		L
	C	O	S	A	S	

CRUCIGRAMA 34

	A	B	R	I	L	
A	L	O		M	U	Y
C	I	N	Z	A	N	O
A	M	E		N	A	U
	E				T	
P	N	C		I	I	N
A	T	R	A	N	C	A
Z	O	E		R	O	S
	S	O	L	I	S	

CRUCIGRAMA 35

U		P	T	A		H
A	L	A		R	I	A
S	A	S	T	R	E	S
D		T	I	E		D
	S	O	R	B	O	
C		R	A	A		A
A	C	E	R	T	A	R
S	E	A		A	R	T
A		R	R	R		E

CRUCIGRAMA 36

I	G	L	E	S	I	A
S			U			M
L	E	A		A	S	A
A	L	T	E	R	A	N
	I	A		E	P	
M	A	R	A	T	O	N
U	S	A		E	S	A
L			A			S
A	L	E	L	U	Y	A

CRUCIGRAMA 37

	L	I	B	R	O	
P	E	L	U	C	A	S
U	A		H		K	O
E		T	O	Y		C
R	I	O		E	C	O
T		O	M	S		R
O	S		O		I	R
S	O	L	D	A	D	O
	L	L	A	N	O	

CRUICIGRAMA 38

M		B	F	A		M
A	R	T	I	S	T	A
Y	O		N		I	P
O	M	S		E	T	A
	P	U	L	G	A	
B	E	N		O	N	O
E	R		O		I	C
B	A	R	R	O	C	O
E		D	O	M		A

CRUCIGRAMA 39

F	A	M	I	L	I	A
O		A	R	O		L
T	O	Y		R	A	T
O	L	O	R	O	S	A
	I		O		A	
O	V	U	L	A	R	A
D	A	S		B	A	R
I		A	I	R		M
A	T	R	A	E	R	A

CRUCIGRAMA 40

H			A			U
A		O	R	E		A
S	A	N	A	M	O	S
D	O	T		P	R	D
		A	L	L		
P	A	R		E	M	E
O	R	I	N	A	R	A
C		O	I	R		R
O			V			S

CRUCIGRAMA 41

	A	L	Z	A	R	
	G	E		M	E	
G	R	A	N	O	S	A
R	A	N		R	P	C
A	D				O	T
S	E	R		O	N	U
A	C	U	E	R	D	O
	E	S		C	E	
	R	O	D	A	R	

CRUCIGRAMA 42

A	S	I		D	A	R
S		N	O	E		U
N	A	V	I	D	A	D
A	S	I	M	I	L	O
	I	T		C	E	
T	R	A	B	A	J	A
H	E	R	I	R	A	S
A		A	S	A		A
T	E	N		S	U	R

CRUCIGRAMA 43

O	S	A		I	R	A
C	O	M	E	T	A	S
O	N	E		A	N	T
A		R	O	L		A
	S	I	R	I	O	
M		C	E	A		O
A	S	A		N	A	S
P	I	N	T	O	R	A
A	R	O		S	E	N

CRUCIGRAMA 44

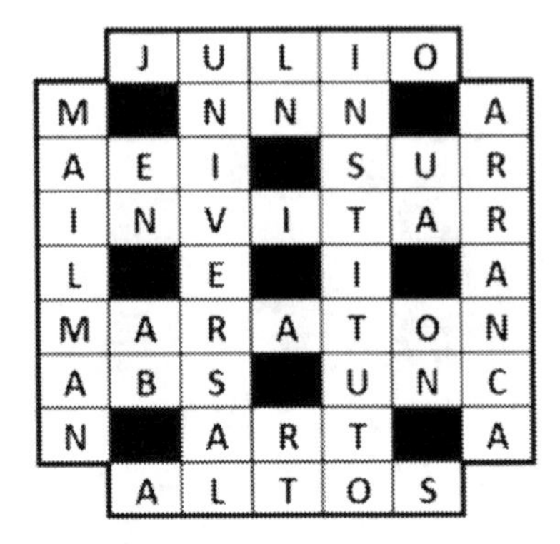

	J	U	L	I	O	
M		N	N	N		A
A	E	I		S	U	R
I	N	V	I	T	A	R
L		E		I		A
M	A	R	A	T	O	N
A	B	S		U	N	C
N		A	R	T		A
	A	L	T	O	S	

CRUCIGRAMA 45

E	S	A		A	S	A
D	I		A		D	C
U		A	N	P		L
C	O	R	T	E	Z	A
A	I	P		S	A	M
T	R	A	G	A	R	A
I		S	U	R		R
V	I		M		P	A
O	S	O		F	I	N

CRUCIGRAMA 46

	C	A	S	A	R	
C		N	A	S		H
O	L		L		T	I
L	A	T	I	N	O	S
C	T	O		A	R	T
H	I	S	P	A	N	O
A	N		E		O	R
S		E	R	A		Y
	P	L	A	T	A	

CRUCIGRAMA 47

C		I	N	C		C
O	I	R		D	I	O
N	O		B		N	N
T		O	R	A		S
O	C	T	U	B	R	E
R		I	T	C		N
N	A		O		I	T
O	S	O		A	S	I
S		N	E	W		R

CRUCIGRAMA 48

U	S	A		B	F	A
N	Y		A		A	M
I		A	S	A		A
R	U	M	O	R	A	R
	N	O		T	I	
C	O	R	R	E	R	A
A		C	I	S		L
M	I		O		L	A
A	N	T		M	A	S

CRUCIGRAMA 49

	T	R	U	M	P	
T		A	N	I		A
U	M		I		A	M
V	O	L	V	E	R	A
	M	U	E	R	E	
L	I	B	R	E	T	O
E	A		S		E	U
A		P	A	N		R
	C	A	L	O	R	

CRUCIGRAMA 50

E	D	U	C	A	D	O
	A	N		T	O	
I	R		N		M	A
S		C	A	L		R
L	E	A		I	R	E
A		E	C	O		T
S	A		U		P	E
	S	S		F	A	
P	A	L	A	B	R	A

CRUCIGRAMA 51

	A	G	O	S	T	O
E	S	O		O	I	R
	A	B	E	L		O
A		E	P	I	C	
C	A	R	I	D	A	D
T	L	N		A	S	O
A	M	A	R	R	A	N
	A	B	R	I		A
A		L	A	D	O	
L	E	E		A	R	A
C	A	S	A	D	A	

CRUCIGRAMA 52

	L	A	T	I	N	
N		R	A	N		P
O	C	T	U	B	R	E
V	A		R		E	L
I		D	O	M		I
E	C	O		E	G	G
M		S	A	S		R
B	F		R		N	O
R	A	T	O	N	E	S
E		A	M	O		O
	P	L	A	N	O	

CRUCIGRAMA 53

A	M	E	R	I	C	A
M	■	■	O	■	■	M
O	■	P	N	L	■	A
R	E	A	C	I	O	S
C	R	I	A	D	A	S
	M	S	■	E	S	
C	U	A	T	R	I	N
M	A	N	R	E	S	A
A	■	O	A	S	■	D
L	■	■	I	■	■	A
L	I	O	N	E	S	S

CRUCIGRAMA 54

A	A	■	Y	■	L	A
M	■	L	E	A	■	R
A	M	I	S	T	A	D
R	I	O	■	A	T	E
E	R	■	M	■	R	R
	A	L	A	B	A	
M	R	■	S	■	P	A
A	S	I	■	P	A	R
F	E	B	R	E	R	O
I	■	F	I	N	■	M
A	N	■	E	■	F	A

CRUCIGRAMA 55

	■	C	I	U	■	
■	C	O	R	R	I	■
P	A	L	A	B	R	A
O	R	A	■	E	S	L
P	D	■	E	■	E	T
U	■	B	F	A	■	U
L	A	■	E	■	A	R
A	P	E	■	A	T	A
R	E	N	A	C	E	S
■	A	O	R	T	A	■
	■	C	T	O	■	

CRUCIGRAMA 56

■	■	A	C	A	■	■
■	U	N	I	D	O	■
I	N	T	E	N	T	A
C	I	■	N	■	O	R
U	V	A	■	O	R	O
	E	T	N	E	G	
I	R	A	■	A	A	A
R	S	■	C	■	R	B
S	A	B	A	N	A	S
■	L	I	M	O	N	■
■	■	S	A	T	■	■

CRUCIGRAMA 57

I	G	L	E	S	I	A
	P	U	L	I	R	
A	■	T	E	N	■	T
P	R	O	C	T	O	R
A	A	■	T	■	N	I
G	■	O	R	A	■	A
A	C	■	O	■	U	D
R	E	A	N	U	D	A
A	■	Z	I	S	■	S
	L	U	C	R	O	
D	O	L	O	R	E	S

CRUCIGRAMA 58

N	A	V	I	D	A	D
	T	I	Z	A	S	
C	■	N	A	T	■	C
O	L	O	R	O	S	O
M	A	■	A	■	A	L
E	T	C	■	A	L	O
R	I	■	A	■	I	R
A	N	O	T	A	R	E
N	■	L	A	S	■	S
	D	O	R	A	R	
A	T	R	A	P	A	R

CRUCIGRAMA 59

	A	U	T	O	R	
M		S	A	N		P
A	S		R		P	A
R	E	S	O	R	T	S
I	M	I	T	A	R	A
P		M		D		D
O	R	I	N	A	R	E
S	A	L	A	R	A	N
A	N		D		Y	A
S		D	A	R		S
	O	I	R	A	N	

CRUCIGRAMA 60

T	E	O	L	O	G	O
E		I	E	G		N
	A	M	O	R	C	
A		O	N	O		U
M	A	S		S	O	S
A	C				R	U
R	A	T		C	A	R
E		O	C	A		A
	A	M	A	R	A	
R		A	I	R		A
C	A	R	N	O	S	O

CRUCIGRAMA 61

		O	C	O	E	Ñ	O	S
	L	U	I	S			N	O
P	E	R	U		A	S		C
A	A		D	I	R	E		O
N			A	I	R		I	R
A	N		D	I	O	S		R
D	A		A		Z	A		E
E	S		N	A			E	R
R	A		O	T	O	R	G	A
I				A	R	E	A	
A	L	T	E	R	A	S		

CRUCIGRAMA 62

C	A	S	A		R	O	S	A
O	S	O		T	O	R	O	
R	A		D	A		A	P	E
T		P	O	C	O		A	S
E	S	A		O	R	O		E
	A	R	O		E	L	E	
P		A	N	O		O	L	A
O	R		U	N	I	R		L
R	I	A		C	R		A	T
	E	S	T	E		A	S	A
U	N	I	O		A	M	O	R

CRUCIGRAMA 63

	A	R	A		R	E	Y	
F		A	S	T	A	S		P
A	S		A	R	T		M	O
M	A	N	S	I	O	N	E	S
A	L	A		O		A	S	O
		D	A		A	D		
E	P	I		N		I	D	A
P	R	E	F	I	E	R	E	N
E	O		U	Ñ	A		L	I
E		F	L	A	C	O		S
	O	R	A		O	S	O	

CRUCIGRAMA 64

B	E		U	S	O		U	R
U		E	P	I	C	O		I
G	A	T	A		O	S	E	O
	M		S	O	S		S	
M	I	S		R		A	P	O
A	G	U	A		O	L	O	R
L	A	R		D		A	S	O
	Z		D	I	A		O	
C	O	S	I		M	A	S	A
A		C	E	N	A	S		H
N	O		Z	A	R		P	I

CRUCIGRAMA 65

T	I	P	O		O	P	A	L
E	■	I	S	E	R	E	■	O
■	A	N	O	M	A	L	O	■
U	N	O	■	I	■	O	L	A
S	A	■	A	R	O	■	T	C
T	■	S	I	■	R	A	■	T
E	S	■	N	O	E	■	C	O
D	A	N	■	D	■	D	I	S
■	N	O	T	I	C	I	A	■
B	■	C	A	N	O	A	■	F
F	I	A	N		A	S	T	A

CRUCIGRAMA 66

H	A	T	O	■	S	A	L	E
	L	E	■	U	■	T	U	
P	■	R	I	F	L	E	■	M
I	O	■	R	O	E	■	P	A
L	I	S	A	■	Y	S	E	R
O	D	A	■		■	E	L	E
T	O	S	E	■	A	D	E	N
A	S	■	E	O	N	■	A	G
R	■	A	L	I	A	R	■	O
	M	V	■	R	■	E	A	
K	I	E	L	■	B	O	T	A

CRUCIGRAMA 67

D	O	N	■	A	L	E		M
A	F	I	N	■	A	B	R	I
S	I	M	I	O	■	R	E	S
	C	I	■	G	U	I	A	■
P	I	O	N	E	R	O	■	D
R	O	■	A	■	A	■	L	O
E	■	A	R	I	L	L	O	S
■	A	D	A	N	■	A	M	
A	S	I	■	N	I	G	U	A
C	O	A	S	■	S	O	D	A
A		R	A	S	■	S	O	R

CRUCIGRAMA 68

C	A		O	V	O		D	O
A	■	A	S	A	D	O	■	Z
S	A	L	T	■	I	S	L	A
A	M	■	E	S	O	■	O	K
R	■	A	N	I	S	E	■	A
	S	I	T	■	A	R	T	
F	■	P	A	L	M	A	■	T
U	N	■	C	A	E	■	P	R
M	O	L	I	■	N	E	T	O
A	■	N	O	R	T	E	■	P
S	A		N	O	E		P	A

CRUCIGRAMA 69

	■	A	M	E	N	O	■	
■	C	R	O	M	O	■	A	■
A	L	■	R	A	T	O	N	A
L	O	V	E	■	A	P	T	O
A	R	E	N	A	■	T	E	V
M	O	R	A	■	T	I	N	A
E	F	D	■	L	U	C	I	R
D	I	A	S	■	S	O	T	O
A	L	D	A	B	A	■	A	N
■	A	■	R	A	R	O	S	■
	■	N	A	D	A	R	■	

CRUCIGRAMA 70

	B	A	N	D	E	R	A	
P	A	Z	■	O	■	A	R	O
O	N	■	U	N	O	■	A	N
L	■	D	R	A	M	A	■	D
O	S	O	■		■	L	E	A
	U	N				T	X	
U	N	A	■		■	A	T	A
A	■	R	A	D	A	R	■	M
S	I	■	M	A	L	■	S	O
D	R	A	■	D	■	F	I	N
	E	S	C	O	L	A	R	

BIBLIOGRAFIA

BIBLIOGRAFIA

ARTICULOS Y CRUCIGRAMAS EDUCATIVOS
Por Benjamín Franklin Arias, Ph.D.
2020, Trafford Publishing Company

DICCIONARIO DE LA REAL ACADEMIA ESPAÑOLA
Asociación de Academias de la Lengua Española (ASALE)
23ra Edición, 2014

DICCIONARIO-MANUAL DE SINÓNIMOS Y ANTÓNIMOS DE LA LENGUA ESPAÑOLA
Editorial Larousse

GOOGLE
www.google.com

LATINO NEWS
www.latinonewspa.com

MICROSOFT ENCARTA WORLD ENGLISH DICTIONARY
1999, Dictionary Society of North America

PEQUEÑO LAROUSSE ILUSTRADO
2020, Editorial Larousse, México

SANTA BIBLIA REYNA VALERA
1995, American Bible Society

SERIE 13, LA REVISTA DE LOS OCOEÑOS
1997, Editora Universitaria UASD
Santo Domingo, República Dominicana

THE NEW WORLD SPANISH-ENGLISH, ENGLISH-SPANISH DICTIONARY: COMPLETELY REVISED, SECOND EDITION
Salvatore Ramondino
1996, Penguin Publishing Group

WEBSTER'S OFFICIAL CROSSWORD PUZZLE DICTIONARY
1981, Merriam-Webster, Inc.

WIKIPEDIA, ENCICLOPEDIA LIBRE
www.wikipedia.com

OTROS LIBROS DEL AUTOR

ENGLISH GRAMMAR
FOR INTERNATIONAL COMMUNICATION
Por Prof. Benjamin Franklin Arias, Ph.D.
benfrank1305@gmail.com

Un libro de 30 Lecciones de Inglés Como Segundo Idioma, con ejemplos traducidos al español, ejercicios y vocabulario completo.

Format: Perfect Bound Softcover (B/W)
ISBN: 9781490789903

Format: E-Book
ISBN: 9781490789927

www.trafford.com

GRANDES ENSEÑANZAS
EN MENSAJES PEQUEÑOS
Por Benjamín Franklin Arias, Ph.D.
benfrank1305@gmail.com

Un libro con Artículos Educativos para cada mes
y Frases Célebres para cada día del año.

Format: Perfect Bound Softcover (B/W)
ISBN: 9781490788616

Format: E-Book
ISBN: 97814907886

www.trafford.com

ARTICULOS Y CRUCIGRAMAS EDUCATIVOS
PARA TODA LA FAMILIA
Por Benjamín Franklin Arias, Ph.D.
benfrank1305@gmail.com

Un libro con 40 Artículos Educativos de temas variados y 40 Crucigramas para el entretenimiento de toda la familia, para aprender de todo un poco.

Format: Perfect Bound Softcover (B/W)
ISBN: 9781698703510

Format: E-Book
ISBN: 9781698703503

www.trafford.com

SABIDURIA INTEGRAL
PARA EL DESARROLLO PERSONAL
Por Benjamín Franklin Arias, Ph.D.
benfrank1305@gmail.com

Un libro con 70 artículos de temas variados que te pueden ayudar en tu desarrollo personal. Divido en 10 secciones con 7 temas interesantes cada una.

Format: Perfect Bound Softcover (B/W)
ISBN: 9781698705491

Format: E-Book
ISBN: 9781698705484

www.trafford.com

Printed in the United States
by Baker & Taylor Publisher Services